北语对外汉语精版教材

# 速成汉语基础教程

# Chinese Crash Course (Third Edition)

主　编：杨惠元

副主编：游锋华　韩　梅　李德钧

## Integrated Textbook

## 综合课本（第3版）

## 2

北京语言大学出版社
BEIJING LANGUAGE AND CULTURE UNIVERSITY PRESS

图书在版编目（CIP）数据

速成汉语基础教程：综合课本. 2 / 杨惠元主编
. —3版. —北京：北京语言大学出版社, 2021.7
北语对外汉语精版教材
ISBN 978-7-5619-5865-0

Ⅰ. ①速… Ⅱ. ①杨… Ⅲ. ①汉语—对外汉语教学—
教材 Ⅳ. ①H195.4

中国版本图书馆CIP数据核字（2021）第106850号

速成汉语基础教程·综合课本 2（第 3 版）
SUCHENG HANYU JICHU JIAOCHENG · ZONGHE KEBEN 2 (DI 3 BAN)

排版制作：华伦图文制作中心
责任印制：周 燚

出版发行：北京语言大学出版社
社 址：北京市海淀区学院路 15 号，100083
网 址：www.blcup.com
电子信箱：service@blcup.com
电 话：编辑部 8610-82303395
发行部 8610-82303650/3591/3648
北语书店 8610-82303653
网购咨询 8610-82303908
印 刷：北京印迪数码科技有限公司

版 次：1996 年 1 月第 1 版 2007 年 9 月第 2 版 2021 年 7 月第 3 版
印 次：2021 年 7 月第 1 次印刷
开 本：787 毫米 × 1092 毫米 1/16 印 张：13.25
字 数：167 千字
定 价：68.00 元

PRINTED IN CHINA

# 第3版前言

《速成汉语基础教程·综合课本》（第3版）是《速成汉语初级教程·综合课本》（北京语言文化大学出版社，1996）和《速成汉语基础教程·综合课本》（北京大学出版社，2007）的修订版。在修订过程中，我们努力保持原教材的优势和特色：

1. 全套8册共出词语3600多个，基本涵盖了外国留学生在中国学习、生活的常用词汇。因此，学习本教程的学生可提高使用汉语进行实际交际的能力。

2. 课文内容实用有趣，学生爱学、易学。原版教材筛选和安排了贴近学生生活的、学了就能用的话题，这样的内容学生喜欢学、愿意学。大部分课文语言风趣幽默，能够引起学生的学习兴趣，激发他们的学习积极性。

3. 语法点的讲解基本采用归纳法。由于课文编写不受语法点的绝对限制，允许冒出新的语法点，所以编写的课文语言自然、流畅。多年的教学经验证明，我们对成人的汉语教学，应先使他们对语言现象有真切的感性认识，然后到一定阶段再进行归纳总结，帮助他们上升到理性认识，这样做符合第二语言教学的规律。

4. 第3版的练习保持了前两版“语音→词语→句型→功能→成段表达→篇章结构→阅读理解”一条龙的练习模式。练习大多紧紧围绕当课的生词、课文和语法点，针对当课的重点和难点，为教师组织课堂教学以及对学生进行语言技能乃至语言交际技能的训练服务。

在广泛征求教材使用者意见的基础上，我们进行了修订，使教材进一步完善。我们替换了内容过时的课文，删去了不常用的生词，增加了使用频率高的新词。为方便教学，我们增加了一些练习，把原有的练习调整为课堂练习和家庭作业两个部分，这样课上课下既分工又合作。我们以课堂练习为主，家庭作业为辅。家庭作业既可以是课堂教学的弹性内容，也可以作为第二天课上复习、检查的内容。

修订这套教材，我们总的指导思想是：以语音、词汇、语法、汉字等语言要素的教学为基础，通过课堂教学，帮助学生把语言要素转化为语言技能，进而转化为语言交际技能。为此，我们提出以下教学建议：

1. 语音是学生语言能力的门面，也是对外汉语教学的难点之一，所以我们保留了语音集中教学的前10课，在其他各课中仍然进行分散的语音训练，希望教师根据学生的发音问题，有选择、有重点、有针对性地进行语音训练。特别是声调的练习，我们特意将"定调音节"的练习延伸到第四册。因为汉语词大部分是双音节词，掌握了双音节的声调，就等于掌握了大部分汉语词的声调。双音节声调搭配总共只有20个，我们选了20个双音节作为定调标准。掌握了这20个双音节的声调，以后学生出现声调错误时，用定调音节提示一下，他们便可自行改正。练习中的"朗读定调音节"在第一册前9课是朗读拼音，第一册第十课以后过渡为朗读汉字。

2. 第一册的重点虽然是语音训练，但教师在突出听说训练的同时，也要重视汉字的认读和书写练习，帮助学生打好汉字基础。第一、二册都附有"汉字表"，为了简明，我们删去了"繁体"一栏（如有必要，另出版繁体字版），保留了笔画笔顺和构成合体字的拆分部件两个部分。

3. 第二册到第八册的重点是词语教学，教师要帮助学生全面掌握好词语的"音、形、义、用"。每课生词表里的生词包括课文中的生词和练习中的生词。按照北语的教学模式，教师应该要求学生课前预习好生词，基本掌握词语的"音"和"义"。课堂练习的重点是词语的"音、义、用"，特别是词语的搭配和活用。词语的"形"可让学生通过家庭作业掌握。

4. 离合词是汉语特有的语言现象，且大多是动词。在前两版中，有的作为词组处理，不标注词性，汉语拼音分写；有的作为词处理，标注动词，汉语拼音连写。本次修订统一作为词，标注词性，汉语拼音连写。因为特殊，学生难于掌握，常常用错，所以在教学中教师要重视离合词的讲练。

5. 本教程是为外国留学生编写的，生词表中有个别生词的拼音标的是变调

（包括轻声），而没有采用《现代汉语词典》（第7版）标注的本调。这样，他们学习和使用起来比较贴近生活。离合词的拼音连写也是基于这一理念。

6. 汉语普通话是以北京语音为标准音，以北方话为基础方言的。我们本着这一原则处理儿化音，根据北京语音在需要儿化的词语后都加了“儿”，以方便学生学习地道的汉语普通话。

7. 语法讲解从结构入手，不追求系统性，力求简单明白，重视语义和语用功能的说明。教师可通过图片、动作、影像等各种直观手段展示语法点，再进行机械练习，最后落实到活用上，使学生置身于语言交际情境中，而不是语法术语和概念中。

8. 课文以话题为中心，为学生提供交际的模式。第一册到第四册的重点是关于学习、生活方面的交际，从第五册开始逐渐向社会交际过渡，增加介绍中国国情、中国人的观念习俗等文化方面的内容。教师要尽量引导学生以课文为范本，说他们自已想说而不会说的话，以此训练学生的汉语思维能力，开发他们的语言潜能，提高交际能力。

9. 本教程逢五逢十的课设计了“功能会话”练习，意在突出“结构与功能相结合”的原则。“功能会话”板块与当课关系不是很紧密，但有一定的概括性。

10. 教师可采用任务教学法，给学生布置各种交际任务，多组织课堂活动，要求学生使用语言完成交际任务，在交际中学习语言，强化他们学习语言的成就感，激发他们的学习积极性。

编　者

2021年3月

# Preface for the Third Edition

*Chinese Crash Course: Integrated Textbook (Third Edition)* is the revised version of the first edition (*Short Term Intensive Elementary Chinese*, 1996, Beijing Language and Culture University Press) and the second edition (*Speed-up Chinese: Integrated Textbook*, 2007, Peking University Press). It is with the following advantages and features reserved:

1. With a vocabulary over 3,600, the textbooks cover the useful and common vocabulary for foreign students to study and live in China. After learning this course, students are expected to improve their language proficiency in Chinese communication.

2. The materials we used are student-centered, practical and interesting. The unrevised version provided students with materials from daily life, which can be put into practice immediately after class. The language of texts has a fine sense of humor, in which we believe students would be highly motivated in their language acquisition.

3. We apply inductive method to elaborate the grammar points. We have briefly dealt with the most frequently used grammatical rules and explained them in as non-technical a way as possible. New grammar points are not strictly confined to certain text since long-year teaching experience shows that for adult-learners, a general impression for the language will help them form a stronger foundation for their language learning.

4. The training mode of "pronunciation→words and phrases→sentence patterns→function→expressions in paragraph→discourse structure→reading comprehension" keeps unchanged in the third edition. The exercises are closely related to the text. The key grammar points are highlighted in the exercises. It is designed

to assist teachers to organize in-class activities and consolidate the students' in-class acquisition.

We revised the textbooks based on the suggestions of textbook users. Outdated texts were changed, uncommonly used words were deleted, and new frequently used words were added. For the teachers' convenience, we replenished some exercises, and divided the original exercises into in-class exercises and homework. Thus, in-class exercises and homework have cooperation and division, mainly in-class exercises and homework as a supplement. Homework can be used as the flexible content for class teaching, some can be used for reviewing and examining on the second day.

Our guideline for this revision is to integrate phonetics, vocabulary, grammar and Chinese characters into the textbook and by the designed in-class activities, learners are able to transfer what is in the text into daily use and hence they can improve their language skills. To achieve this goal, we propose the following suggestions for teachers:

1. Pronunciation is a key and difficulty for language learners. Accordingly, we reserve the first ten lessons with the focus on pronunciation drills. Pronunciation drills are also distributed in each lesson. We hope that pronunciation drills can be varied according to students' pronunciation problems. Especially tones' practice, we intentionally extended the exercise of "Read aloud the syllables and pay attention to the tones" to the fourth volume. Most of Chinese words are disyllabic, mastering the tones of disyllabic words equates to mastering the tones of most of Chinese words. There are only 20 disyllabic tonal collocations, we selected the 20 syllables as the tone standard. When students make tonal mistakes, the tones of the 20 syllables can be used as a reference for them to correct. "Read aloud the syllables and pay attention to the tones" in lesson 1 to lesson 9 of the first volume is to read aloud the Pinyin, and from lesson 10 of the first volume on, this exercise is gradually transiting to read aloud Chinese characters.

2. Though the first volume focuses on pronunciation drills, Chinese characters

should also be involved in class. Teachers should help the students lay a good foundation of Chinese characters. "Table of Chinese characters' order of strokes" are attached in the first and second volumes. We deleted the column of "traditional Chinese characters" (traditional Chinese characters version can also be published if necessary), and reserved the columns of strokes, order of strokes and components of composite Chinese characters.

3. From the second volume to the eighth volume, the emphasis is on vocabulary. The glossary in each lesson includes new words in the text and exercises. According to "Beiyu mode", students are required to preview the new words before class, and have a basic command of "pronunciation" and "meaning" of the new words. The key of in-class practice is "pronunciation, meaning, use" of the words, especially the collocation and variation of the words. "Form" of the words can be practiced through homework.

4. Segregatory words are special language phenomena in Chinese, most of them are verbs. They are regarded as phrases in the first and second editions, and separately writing of Chinese Pinyin; some of them are regarded as words, parts of speech tagging as verbs, and continuously writing of Chinese Pinyin. In this version, segregatory words are regarded as words, parts of speech tagging as verbs, and continuously writing of Chinese Pinyin. Because its difficulty, teachers should pay attention to the practice of segregatory words for avoiding students' mistakes.

5. The course is compiled for foreign students, so some Pinyin of the new words are marked modified tones (including neutral tone), not the original tone in *Modern Chinese Dictionary (7th Edition)*. Thus, the students can smoothly learn and use Chinese language in daily life. Continuously writing of Chinese Pinyin of segregatory words is also base on the same principle.

6. Beijing pronunciation is the standard pronunciation of Putonghua, and the northern dialect is its basic dialect. According to this principle, we put "er" on the R-pronounced Words, for the students to learn authentic Chinese.

7. Teachers are expected to deal with the most frequently used grammatical rules

and explained them in as non-technical a way as possible. To achieve this, multi-media assistance, like pictures, body language and videos, can be used in class. In this way, students can be immersed in the language rather than lost in the grammatical jungle.

8. The texts are topic-centered and provide students with communication drills. The first volume to the fourth volume is mainly about campus life. From the fifth volume on, more social talks about Chinese culture, customs and ideas are involved. Teachers are expected to focus on the text and try to open students' mouths, improve their language ability and cultivate their language-learning potential.

9. "Functional conversations" is designed for this course every fifth or tenth lesson, with emphasis on "combining the linguistic structure with function". "Functional conversations" might be not closely related to the texts, but it is still a succinct summary.

10. Teachers can apply task-based approach in class and assign different communication tasks to students. More in-class activities are strongly suggested. Hence, students are able to learn the language through communication and could be motivated by using the language.

Compilers

March, 2021

# 第1版前言

《速成汉语初级教程·综合课本》是为短期班零起点的外国学生编写的初级汉语教材（也可供长期班零起点的外国学生使用），教学时间为一个学期（20周），要求学生基本达到国内基础汉语教学一学年所达到的汉语水平。

速成教学时间短，要求高，只有实行“强化+科学化”的教学，才能成为最优化的教学。我们认为，速成教学的总体构想应该是：以掌握话题内容为教学的最低目的，以掌握话题模式为教学的最高目的，以掌握语法、功能为实现教学目的的具体措施和根本保障。因此，本教材的总体构想是：以话题为中心，以语法、功能为暗线，以全方位的练习为主体。

教材具体安排如下：共编80课，语音教学贯彻始终。1～10课突出语音（声母、韵母、声调），不涉及语法和功能；11～80课侧重于语法和功能，兼顾语音（难音、难调、重音、语调）。

编写课文时，我们慎重筛选和安排话题。有关生活、学习、交际方面的内容先出，介绍中国国情、中国人观念习俗的文化内容后出。其中，介绍中国国情的内容，以反映社会积极因素为主，但也有个别课文是反映社会消极因素的，避免脱离实际。课文内容的确定，均受一定语法点的制约，但又不捆得过死，注重语言的流畅性和趣味性。课文篇幅逐渐加长，但最长的不超过500字。

这套系列教材共出生词3400多个（专名未计算在内）。注音基本上以中国社会科学院语言研究所词典编辑室所编的《现代汉语词典》为依据，极个别的词参考了《汉语水平词汇与汉字等级大纲》。词性主要参考冯志纯等主编的《新编汉语多功能词典》。每课生词平均43个左右，只要求学生掌握本课重点词语。

语法点的选取主要依据国家对外汉语教学领导小组所编的《汉语水平等

级标准与语法等级大纲》。教材中涉及的语法点，甲级的除少数外全部出齐，乙级的出了大部分，丙级的也选取了一些。我们对少数语法点进行了调整，扩大了趋向补语、结果补语以及主谓谓语句的范围，增加了数量补语。语法难点分散出。对课文中出现的语法点，我们采取分别对待的处理方法：重点的语法点注释略多些，次重点的语法点注释从简，非重点的语法点不加注释，如连动句、兼语句等。语法点不是见一个注一个，基本上采取归纳法，并注意说明使用条件。

这套系列教材共选取100多个功能项目。这些功能项目都是学生最常见、最急用的。对这些功能项目也采取归纳法，而且是在逢五逢十的课中归纳。所归纳的功能项目只具有提示作用，在句型上不求全，教师上课时可根据教学实际情况适当补充。

我们所设计的练习是为教师备课、组织课堂教学、对学生进行技能训练服务的，说到底，是为提高学生的语言交际能力服务的。为此，我们采用了“语音→词语→句型→功能→成段表达→篇章结构→阅读理解”一条龙的练习模式。这些练习为帮助学生打好语音基础、实现从单句表达到成段表达的平稳过渡提供了可靠的保障。

我们的教材编写工作一直是在校领导和国家对外汉语教学领导小组办公室的大力支持下、在院领导的具体指导下、在学院同志的热情帮助下进行的。没有上上下下的通力合作，这套教材是编不出来的。

在教材编写过程中，我们召开过院内专家咨询会、校内专家咨询会，参加过合肥教材问题研讨会。与会专家对我们的教材初稿提出了许多宝贵意见，使我们的修改工作有了准绳。

在编写课文时，我们参考了校内外的有关教材，如韩鉴堂编的《中国文化》、赵洪琴等主编的《汉语写作》、刘德联等编的《趣味汉语》、吴晓露等主编的《说汉语谈文化》、潘兆明主编的《汉语中级听力教程》、吕文珍主编的《五彩的世界》等，从中受益匪浅。

在此，我们谨向有关领导、专家、同行和所有直接或间接帮助过我们的同志表示衷心的感谢。限于水平，教材的缺点和错误在所难免，恳请使用者给予批评指正。

编　者

1995年12月

# Preface for the First Edition

*Short Term Intensive Elementary Chinese* is a Chinese language textbook designed for foreigners at elementary level in short term classes. It can, however, also be used for long term classes. The course covers one semester (20 weeks), students are expected to reach the basic level of one year regular Chinese language learning in China.

Intensive Chinese teaching requires "intensify + science". We think that the basic principle is: the minimum teaching aim is to master the topic contents, the maximum teaching aim is to master the topic mode, and the ultimate aim is to have a good command of grammar and function. In short, the overall design of the textbooks is centered on the topics, grammar and function as inherent clues, and accompanied with various exercises.

The textbooks consist of 80 texts and with pronunciation teaching throughout. Lesson 1 to Lesson 10 deals with pronunciation (initials, finals and tones), and without grammar and function involved. Lesson 11 to Lesson 80 focuses on grammar and function, with pronunciation involved (difficult syllables, tones, stress, and intonation).

Topics are carefully selected for compiling the texts. Topics from daily life are preferable, and then topics related to Chinese culture and customs. Positive aspects of Chinese society are highlighted, however, negative aspects are reserved for authenticity. The texts are restricted by grammar points in some extent, but language's fluency and interest are still pursued. The length of texts is added progressively, no more than 500 words.

The textbooks include over 3,400 words (excluding the proper nouns). Pronunciation is mostly based on *Contemporary Chinese Dictionary* compiled by dictionary department of Institute of Linguistics at Chinese Academy of Sciences. Some words are based on *Syllabus of Graded Words and Characters for Chinese Proficiency*. Parts of speech are mainly based on *The Newly Compiled Chinese Multiple Functional Dictionary* chiefly compiled by Feng Zhichun and so on. Each text consists of about 43 new words, students are required to have a good command of key words and phrases.

Grammar points are basically selected according to *Chinese Proficiency Graded Standard and Grammar Syllabus* compiled by China National Office for Teaching Chinese as a Foreign Language. Most of grammar points of class-A are included, as well as those of class-B. Grammar points of class-C are also selected. We have adjusted some of the grammar points, and extended the scope of directional complement, resultative complement and clausal predicate sentence, etc. Quantitive complement is also added. We have interpreted the grammar points in different ways: key grammar points are explained in detail, less important grammar points are explained in brief, and non-key grammar points are omitted, for example, sentences with serial verbs and pivotal sentences, etc. The inductive method has been adopted, with explanations to the condition of usage.

Over 100 functional items have been selected in the textbooks, which are useful and practical. These items have been summarized every fifth and tenth lesson. Sentence patterns might not be all covered, teachers can replenish it according to their teaching needs.

The exercises have been designed for teachers' lesson preparation and classroom organization, as well as for students' skills training. In the long run, the exercises aim to improve students' communication skills. We adopted the exercises mode: "pronunciation→words and phrases→sentence patterns→function→expressions in paragraph→discourse structure→reading comprehension". The exercises can be helpful to lay a solid foundation in students' pronunciation and communication skills.

The textbooks have been supported by our university and China National Office for Teaching Chinese as a Foreign Language, as well as our colleagues. Without them, the textbooks cannot be published.

While compiling the textbooks, seminars among experts of our university and college were held. We also attended the conference in Hefei on textbooks. Those experts have given us many helpful suggestions, which are very useful and constructive.

Many textbooks have been used as reference. These books are: *Chinese Culture* (compiled by Han Jiantang), *Chinese Writing* (chiefly compiled by Zhao Hongqin and so on), *Interesting Chinese* (compiled by Liu Delian and so on), *Talking about Chinese Culture* (chiefly compiled by Wu Xiaolu and so on), *Chinese Intermediate Listening Course* (chiefly compiled by Pan Zhaoming), *The Colourful World* (chiefly compiled by Lyu Wenzhen).

We would like to express our sincere thanks to those who have given us direct or indirect help. Because of our limited knowledge, mistakes are inevitable, your suggestions are very much appreciated.

Compilers

December, 1995

# 第2版前言

《速成汉语基础教程·综合课本》是《速成汉语初级教程·综合课本》的修订版。在修订过程中，我们保持原教材的优势和特色：

1. 全书共出词语3600多个，基本涵盖了《汉语水平词汇与汉字等级大纲》中的甲、乙两级词汇，另有一部分丙级词和超纲词。学完本教程的学生有望通过较高等级的HSK考试。

2. 原教材选取了贴近学生生活、学了就能用的话题，这样的内容学生喜欢学、愿意学。课文语言自然流畅、风趣幽默，能够引起学生的学习兴趣，激发他们的学习积极性。

3. 原教材语法点的讲解基本采用归纳法，课文编写不受语法点的绝对限制，允许冒出新的语法点。多年的教学经验证明，对成年人的汉语教学，首先要使他们对各种语言现象形成真切的感性认识，到一定阶段再进行归纳总结，帮助他们上升到理性认识，这样才符合第二语言教学的规律。

4. 原教材设计的练习大都紧紧围绕课文和当课的语法点，针对当课的重点和难点，能够很好地为教师备课、组织课堂教学、对学生进行语言技能和语言交际技能的训练服务。

原教材使用了10多年，我们也发现一些问题，如有的内容过时，有的练习显得臃肿，有的语法点解释过于烦琐等。这次修订，我们做的主要工作如下：

1. 为学生使用方便，把原教材的四册拆分为八册。本教程是为短期班零起点的外国学生编写的基础汉语教材，原教材80课共四册，每册20课，课本厚，内容多，学生短期内学不完，所以不适合短期班学生选择使用。修订后每册10课，便于教学单位根据学生实际水平灵活选用。学生能够在短期内学完一册课本，也会很有成就感和满足感。

2. 与时俱进，替换了部分课文。原教材中有些过时的内容都已撤换，另外增加了一些新鲜的词语，如“网吧”“上网”“手机”“短信”“数码相机”“MP3”“电子邮件”等等。

3. 压缩了部分练习。原教材的练习丰富有效，但是受教学时间限制，课上不能全部完成，短期班学生又不宜留过多的家庭作业，因此我们精简了练习项目，有些内容移到了与之配套的《速成汉语基础教程·听说课本》中。

4. 精简了语法点的注释。为贯彻“强化词语教学，淡化句法教学”的原则，并且考虑到短期班学生不一定要掌握系统的语法，我们把原教材中过于烦琐的语法注释删去，以便于教师讲解和学生记忆。

修订这套教材，我们总的指导思想是：以语音、词汇、语法、汉字等语言要素的教学为基础，通过课堂教学，帮助学生把语言要素转化为语言技能，进而转化为语言交际技能。为此，我们提出以下教学建议：

1. 由于语音是学生语言能力的门面，也是对外汉语教学的难点之一，我们保留了作为语音集中教学阶段的前10课，同时在各课中仍然进行分散的语音训练，希望教师根据学生的发音问题，有选择、有重点地加强语音训练。

2. 第一册的重点虽然是语音训练，但教师在突出听说训练的同时，也要重视汉字的认读和书写练习，帮助学生打好汉字基础。

3. 第二册到第八册的重点是词语教学。每课生词表里的生词包括课文中的生词和练习中的生词，两部分生词同等重要。在教学中，我们希望教师带领学生完成课后的所有练习，并且重视词语的搭配和活用，帮助学生掌握好词语的音、形、义、用。

4. 语法讲解不追求系统性，力求简单明了，从结构入手，重视语义和语用功能的说明。教师可通过图片、动作、影像等各种直观手段展示语法点，再进行机械练习，最后落实到活用上，使学生置身于语言交际的情境中，而不是语法术语和概念中。

5. 课文以话题为中心，为学生提供交际的模式。第一册到第四册的重点是有关学习、生活方面的交际，从第五册开始逐渐向社会交际过渡，增加介绍中国国情、中国人的观念习俗等文化方面的内容。教师要尽量引导学生以课文为范本，说他们自己想说的话，以此训练学生的思维能力，开发他们的语言潜能，提高交际能力。

6. 教师可采用任务教学法，给学生布置各种交际任务，多组织课堂活动，要求学生使用语言完成交际任务，在交际中学习语言，强化他们学习语言的成就感，激发他们的学习积极性。

《速成汉语基础教程·综合课本》(1—8)(第2版)的主编为郭志良和杨惠元。在本教程的修订过程中，张志忠修改了部分插图，赵娅修改了部分语法注释的英文翻译，罗斌翻译了前言。

编　者

# Preface for the Second Edition

*Speed-up Chinese: Integrated Textbook* is the revised version of *Short Term Intensive Elementary Chinese,* with the following advantages and features reserved:

1. With a vocabulary over 3,600, the textbooks cover class-A and class-B words of *Syllabus of Graded Words and Characters for Chinese Proficiency*. Words of class-C and higher are included as well. After learning this course, students are expected to pass the advanced level of HSK.

2. The materials we used are student-centered. The unrevised version provided students with materials from daily life, which can be put into practice immediately after class. In this way, we believe students would be highly motivated in their language acquisition.

3. We apply inductive method to elaborate the grammar points. We have briefly dealt with the most frequently used grammatical rules and explained them in as non-technical a way as possible. New grammar points are not strictly confined to certain text since long-year teaching experience shows that for adult-learners, a general impression for the language will help them form a stronger foundation for their language learning.

4. The exercises are closely related to the text. The key grammar points are highlighted in the exercises. It is designed to assist teachers to organize in-class activities and consolidate the students' in-class acquisition.

The unrevised version has been in use for over ten years. Great changes have been taken place in the world and also in Chinese language. To make the textbook adapt to the changes, we revised the book. For this revision, our main focuses are:

1. For the learners' convenience, we divided the original four volumes into eight.

The revised version targets at short-term beginners. The unrevised version includes 80 lessons distributed in four volumes, with each having 20 lessons. While the revised version has 10 lessons for each volume, it can better suit the needs of short-term beginners.

2. We keep our pace with the times and update the materials. New words, such as Internet café, surf online, cell-phone, text messages are added into the revised version.

3. We removed some of the exercises. The exercises in the unrevised version are abundant. In considering the short learning span, we cut some exercises to suit the short-term learners' needs. A portion of the exercises is transferred to the *Speed-up Chinese: Listening and Speaking*.

4. We simplified the notes and explanations for grammar points. For beginners, emphasis should be put on vocabulary rather than the sentences. We removed some lengthy and complex notes and simplified the explanation to meet the requirements of learners.

Our guideline for the revision is to integrate phonetics, vocabulary, grammar and characters into the textbook and by the designed in-class activities, learners are able to transfer what is in the text into daily use and hence they can improve their language skills. To achieve this goal, we proposed the following suggestions for teachers:

1. Pronunciation is a key to language learners' learning and communication success outside the classroom. Accordingly, we reserved the first ten lessons with the focus on pronunciation drills. Pronunciation drills are also distributed in each lesson. We hope that teachers can pay continuous attention to students' pronunciation.

2. Though the first volume focuses on pronunciation drills, Chinese characters should also be involved in class. Teachers should help the students lay a good foundation of Chinese characters.

3. From the second volume to the eighth volume, the emphasis is on vocabulary. The glossary in each lesson includes new words in the text and exercises. Teachers are expected to guide students to finish the exercises; meanwhile, the collocation and

variation of the words should also be emphasized.

4. Teachers are expected to deal with the most frequently used grammatical rules and explained them in as non-technical a way as possible. To achieve this, multi-media assistance, like pictures, body language and videos, can be used in class. In this way, students can be immersed in the language rather than lost in the grammatical jungle.

5. The texts are topic-centered and provided students with communication drills. Volume one to volume four is mainly about campus life. From volume five on, more social talks about Chinese culture, customs and ideas are involved. Teachers are expected to focus on the texts and try to open students' mouths, improve their language ability and cultivate their language-learning potential.

6. Teachers can apply task-based approach in class and assign different communication tasks to students. More in-class activities are strongly suggested. Hence, students are able to learn the language through communication and could be motivated by using the language.

*Speed-up Chinese: Integrated Textbook (1—8) (Second Edition)* is chiefly compiled by Guo Zhiliang and Yang Huiyuan. Zhang Zhizhong redrew some of the pictures, Zhao Ya revised the English grammar notes and Luo Bin translated the English preface.

Compilers

# CONTENTS
# 目　录

Dì-yī kè
第一课

# 海伦是谁

## 一 课文 Text

### （一）

（在大内的宿舍　In Ôuchi's dormitory）

贝　拉：大内，你想家吗？

Dànèi, nǐ xiǎng jiā ma?

大　内：想。

Xiǎng.

贝　拉：你家有几口人？

Nǐ jiā yǒu jǐ kǒu rén?

大　内：四口人，爸爸、妈妈、哥哥和我。

Sì kǒu rén, bàba, māma, gēge hé wǒ.

贝　拉：你爸爸做什么工作？

Nǐ bàba zuò shénme gōngzuò?

大　内：他是大学老师。

Tā shì dàxué lǎoshī.

贝　拉：你妈妈呢？

Nǐ māma ne?

大　内：她是大夫。

Tā shì dàifu.

贝　拉：你哥哥也是学生吗？

Nǐ gēge yě shì xuésheng ma?

大　内：是，他是研究生。

Shì, tā shì yánjiūshēng.

贝　拉：你哥哥常给你发邮件吗？

Nǐ gēge cháng gěi nǐ fā yóujiàn ma?

大　内：最近不常发。

Zuìjìn bù cháng fā.

贝　拉：他学习一定很忙。

Tā xuéxí yídìng hěn máng.

大　内：是的。还有，他最近交了一个女朋友。

Shì de. Hái yǒu, tā zuìjìn jiāole yí gè nǚpéngyou.

## （二）

（校园里，丁兰和艾米在聊天　Ding Lan and Amy are chatting on campus）

丁　兰：今天晚上你做什么？

Jīntiān wǎnshang nǐ zuò shénme?

艾　米：给爸爸妈妈发邮件，我很想他们。

Gěi bàba māma fā yóujiàn, wǒ hěn xiǎng tāmen.

丁　兰：你家还有谁？

Nǐ jiā hái yǒu shéi?

艾　米：还有海伦。

Hái yǒu Hǎilún.

丁　兰：海伦是谁？

Hǎilún shì shéi?

艾　米：你猜猜。

Nǐ cāicai.

丁　兰：是你姐姐吗？

Shì nǐ jiějie ma?

艾　米：不对。

Búduì.

丁　兰：是你妹妹吗？

Shì nǐ mèimei ma?

艾　米：也不对。

Yě búduì.

丁　兰：是……

Shì…

艾　米：一只小狗！

Yì zhī xiǎo gǒu!

## 二 生词 New words

| | | | |
|---|---|---|---|
| 1. 谁 | （代） | shéi | who |
| 2. 几 | （代） | jǐ | how many |
| 3. 口 | （量） | kǒu | a measure word for family members, pigs, etc. |
| 4. 工作 | （名） | gōngzuò | work, job |
| 5. 大学 | （名） | dàxué | university, college |
| 6. 大夫 | （名） | dàifu | doctor |
| 7. 研究生 | （名） | yánjiūshēng | graduate student |
| 研究 | （动） | yánjiū | to study, to research |
| 8. 给 | （介） | gěi | for |
| 9. 发 | （动） | fā | to send, to deliver |
| 10. 邮件 | （名） | yóujiàn | mail, e-mail |
| 11. 交 | （动） | jiāo | to associate with |
| 12. 今天 | （名） | jīntiān | today |
| 13. 猜 | （动） | cāi | to guess |
| 14. 姐姐 | （名） | jiějie | elder sister |
| 15. 不对 | （形） | búduì | wrong, incorrect |
| 对 | （形） | duì | right, correct |

| | | | |
|---|---|---|---|
| 16. 妹妹 | （名） | mèimei | younger sister |
| 17. 只 | （量） | zhī | a measure word for birds, dogs, etc. and one of certain paired things |
| 18. 狗 | （名） | gǒu | dog |

## 补充词汇 Supplementary words

| | | | |
|---|---|---|---|
| 1. 信 | （名） | xìn | letter |
| 2. 办公 | （动） | bàngōng | work (in an office) |
| 3. 教学 | （名） | jiàoxué | teaching, education |
| 4. 小学 | （名） | xiǎoxué | primary school, elementary school |
| 5. 家庭 | （名） | jiātíng | family |
| 6. 中学 | （名） | zhōngxué | middle school |
| 7. 工人 | （名） | gōngrén | worker |
| 8. 弟弟 | （名） | dìdi | younger brother |
| 9. 封 | （量） | fēng | a measure word for sth. enveloped |
| 10. 校长 | （名） | xiàozhǎng | headmaster, principal, president |
| 校 | （名） | xiào | school, college, university |
| 11. 主妇 | （名） | zhǔfù | housewife, hostess |
| 12. 医院 | （名） | yīyuàn | hospital |
| 13. 公司 | （名） | gōngsī | company, corporation |
| 14. 职员 | （名） | zhíyuán | office worker, staff member |
| 15. 工厂 | （名） | gōngchǎng | factory |
| 16. 院长 | （名） | yuànzhǎng | president, dean |
| 17. 主任 | （名） | zhǔrèn | director, head, chairman |
| 18. 经理 | （名） | jīnglǐ | director, manager |
| 19. 副 | （形） | fù | vice-, deputy |
| 20. 谈 | （动） | tán | to talk, to chat, to discuss |
| 21. 为什么 | | wèi shénme | why |
| 为 | （介） | wèi | for, in order to |

## 专名 Proper nouns

| | | |
|---|---|---|
| 1. 贝拉 | Bèilā | Berra |
| 2. 海伦 | Hǎilún | Helen |

## 二 课堂练习 Exercises

### （一）语音 Pronunciation

1. 朗读定调音节 Read aloud the syllables and pay attention to the tones

| | | | | |
|---|---|---|---|---|
| 都听 | 还听 | 也听 | 再听 | 听的 |
| 都读 | 还读 | 也读 | 再读 | 读的 |
| 都写 | 还写 | 也写 | 再写 | 写的 |
| 都看 | 还看 | 也看 | 再看 | 看的 |

2. 辨音辨调 Distinguish the sounds and tones

| | | | | | |
|---|---|---|---|---|---|
| xiǎo gǒu | 小狗 | xiě xìn | 写信 | xiǎng jiā | 想家 |
| xiǎo kǒu | 小口 | xiāngxìn | 相信 | xiāngjiā | 相加 |
| lǎoshī | 老师 | dàxué | 大学 | yídìng | 一定 |
| lǎoshi | 老实 | dàxuě | 大雪 | yígòng | 一共 |
| bānggōng | 帮工 | jiàoxué | 教学 | yánjiū | 研究 |
| bàngōng | 办公 | xiǎoxué | 小学 | yānjiǔ | 烟酒 |

3. 双音节声调 Tones of disyllables

| | | | | |
|---|---|---|---|---|
| dōu tīng: | fāyīn | 发音 | pīnyīn | 拼音 |
| | fāshēng | 发生 | fāshāo | 发烧 |
| | cānjiā | 参加 | cānguān | 参观 |
| | kāfēi | 咖啡 | fēijī | 飞机 |
| | xiāngjiāo | 香蕉 | xīngqī | 星期 |
| | shēngcí | 生词 | shēnghuó | 生活 |
| | huānyíng | 欢迎 | jiātíng | 家庭 |

| | | | | |
|---|---|---|---|---|
| dōu dú: | jiānchí | 坚持 | zhōngxué | 中学 |
| | gōngyuán | 公园 | gōngrén | 工人 |
| | qīngnián | 青年 | fēicháng | 非常 |

4. 重音　Stress

| | | | | |
|---|---|---|---|---|
| （1）我们 | 你们 | 他们 | 她们 | |
| （2）老师们 | 同学们 | 朋友们 | | |
| （3）是老师 | 是学生 | 是大夫 | 是工人 | 是研究生 |
| （4）是书 | 是中文书 | 是我的书 | 是老师的书 | |
| （5）是商店 | 是书店 | 是宿舍 | 是食堂 | |
| （6）是图书馆 | 是教学楼 | 是办公楼 | | |
| （7）不是老师 | 不是学生 | 不是大夫 | 不是工人 | 不是研究生 |
| （8）不是商店 | 不是书店 | 不是宿舍 | 不是食堂 | |

5. 语调　Intonation

| | |
|---|---|
| 你是老师吗？ | 你是学生吗？ |
| 你是中国人吗？ | 你是美国人吗？ |
| 那是书店吗？ | 那是图书馆吗？ |
| 她是你姐姐吗？ | 他是你弟弟吗？ |

## （二）词语　Words and phrases

朗读短语　Read aloud the phrases

| | | | |
|---|---|---|---|
| （1）想家 | 想爸爸 | 想妈妈 | 想哥哥 |
| 想姐姐 | 想弟弟 | 想妹妹 | |
| （2）想你 | 想我 | 想他 | 想你们 |
| 想他们 | 想男朋友 | 想女朋友 | |
| （3）想写信 | 想给爸爸写信 | 想给妈妈写信 | 想给哥哥写信 |
| 想给老师写信 | 想给朋友写信 | 想给同学写信 | |

(4) 想去商店　　想去书店　　想去图书馆
想去那个楼　　想写一封信　　想找那位老师

## （三）句型　Sentence patterns

### 1. 替换　Substitution

（1）我是学生。

你　他　她　我们　你们　他们　我弟弟　我妹妹

（2）你爸爸是大学老师吗？

| | |
|---|---|
| 爷爷 | 大学校长 |
| 奶奶 | 家庭主妇 |
| 妈妈 | 医院的大夫 |
| 哥哥 | 公司职员 |
| 嫂子 | 工厂的工人 |
| 姐姐 | 中学老师 |
| 妹妹 | 小学老师 |
| 弟弟 | 学生 |

（3）A：他是老师吗？

B：是，他是老师。

大夫　工人　学生　研究生　校长　院长　主任　经理

（4）A：她是老师吗？

B：不，她是学生。

| | |
|---|---|
| 老师 | 校长 |
| 校长 | 院长 |
| 副校长 | 副院长 |
| 院长 | 主任 |
| 副院长 | 副主任 |
| 主任 | 经理 |
| 副主任 | 副经理 |
| 经理 | 职员 |

（5）A：那是书店吗？

B：那不是书店，那是商店。

| | |
|---|---|
| 商店 | 书店 |
| 宿舍 | 食堂 |
| 图书馆 | 教学楼 |
| 教学楼 | 办公楼 |
| 办公楼 | 图书馆 |

2. 回答问题（先否定，再用所给词语做肯定回答） Answer the following questions (Give a negative answer first, then give an affirmative one with the words given in brackets)

| | |
|---|---|
| （1）你爸爸是老师吗？ | （大夫） |
| （2）你妈妈是大夫吗？ | （老师） |
| （3）你哥哥是大学老师吗？ | （中学老师） |
| （4）你姐姐是中学老师吗？ | （小学老师） |
| （5）你弟弟是学生吗？ | （工人） |
| （6）这是你的书吗？ | （山本） |
| （7）这是山本的桌子吗？ | （大内） |
| （8）这是艾米的床吗？ | （贝拉） |
| （9）这是丁兰的宿舍吗？ | （艾米） |
| （10）这是王才的作业吗？ | （方云天） |

（四）按照下列情景，用本课句型说话 Have a conversation on the following topics with the patterns in the text

（1）你跟你的同学谈各自的家庭。

（2）你跟你的同学谈今天晚上做什么。

（3）你跟你的同学谈今天下午去哪儿。

（五）看图说话　Talk about the picture

（六）回答问题　Answer the following questions

（1）大内的哥哥最近为什么不常给她发邮件？

（2）艾米家有几口人？都有谁？

## 四 家庭作业 Homework

（一）阅读　Reading

**艾米的家**

艾米是美国留学生（liúxuéshēng，overseas student），她家有三口人。

艾米的爸爸是美国一所（suǒ，a measure word for houses, schools, etc.）大学的汉语教师（jiàoshī，teacher），妈妈是一家医院的大夫。他们每天工作都很忙。

艾米很想家，想她的爸爸妈妈，还想海伦——她的一只小狗。艾米常给爸爸妈妈发邮件。

1. 读后回答　Answer the following questions after reading

（1）艾米是哪国人？

（2）她家有几口人？

（3）艾米的爸爸做什么工作？妈妈呢？

（4）他们工作忙吗？

（5）艾米想家吗？

(6) 她想谁？还想谁？

(7) 她常给爸爸妈妈发邮件吗？

2. 朗读课文　Read aloud the text

3. 仿照课文写一写“我的家”　Use this text as an example and write a story of your own family

## (二) 词语　Words and phrases

1. 用下列生词至少组成两个短语　Make at least two phrases with each of the following words

(1) 今天：今天早上 今天下午　　(2) 工作：________ ________

(3) 副：________ ________　　(4) 交：________ ________

(5) 大学：________ ________　　(6) 医院：________ ________

(7) 信：________ ________　　(8) 狗：________ ________

2. 在下列句中填上合适的量词　Write proper measure words in the following sentences

[例] 他有一________哥哥，一________姐姐。

→ 他有一___个___哥哥，一___个___姐姐。

(1) 我有三________中国朋友。

(2) 这________是日本同学山本正。

(3) 他昨天写了三________信。

(4) 他家有五________人。

(5) 我家有爸爸、妈妈和我，还有一________小狗。

(6) 大内不去那________楼，她去这________楼。

（三）汉字　Chinese characters

1. 写出带“女”的汉字　Write some characters with the radical of “女”

| 女 | | | | | | | | | | |
|---|---|---|---|---|---|---|---|---|---|---|

2. 写出带“讠”的汉字　Write some characters with the radical of “讠”

| 讠 | | | | | | | | | | |
|---|---|---|---|---|---|---|---|---|---|---|

3. 给下列汉字注音并组成词或短语　Write the Pinyin of the following characters and make words or phrases with them

[例] 交：jiāo　交朋友　　　　校：xiào　校长

(1) 主：________ ________　　　　王：________ ________

(2) 几：________ ________　　　　九：________ ________

(3) 大：________ ________　　　　天：________ ________

夫：________ ________

(4) 请：________ ________　　　　情：________ ________

猜：________ ________

## 五 语法　Grammar

### （一）“是”字句　是-sentence

谓语中心语是“是”的句子称为“是”字句。“是”主要起联系和判断的作用，不是句子的语义重点，句子的语义重点一般在宾语上。“是”字句只能用“不”否定。例如：

A sentence, in which the headword of the predicate is “是”, is known as a 是-sentence. “是” functions as connection and judgment, and is not the semantic focus of the sentence. The semantic focus of a 是-sentence usually is the object. The negative form of a 是-sentence is to place “不” before “是”. For example:

（1）她是大夫。

（2）他不是老师。

### （二）是非疑问句　Yes-no question

说话人提出一件事情，要求听话人做出肯定或否定的回答，即是非疑问句。是非疑问句可在句尾加上疑问语气词“吗”。注意，不论问句的谓语是肯定形式还是否定形式，只要听话人承认问句所表达的事实就用“是”等肯定形式回答，不承认问句所表达的事实就用“不”或“没”等否定形式回答。例如：

When a speaker raises a question and expects the listener to give an affirmative or a negative answer, such sentences are known as a yes-no question, in which the interrogative particle “吗” is placed at the end. The predicate in such questions can be affirmative or negative. No matter which form is used, the listener should give either the affirmative answer with “是” and so on or the negative one with “不” or “没” according to the fact. For example:

（1）A：你常去书店吗？

B1：（我）常去。

B2：（我）不常去。

（2）A：你不想去商店吗？

B1：是，我不想去。

B2：不，我想去。

## 六 汉字表 Table of Chinese characters' order of strokes

| 汉字 Hànzì | 结构与笔顺 jiégòu yǔ bǐshùn | | | | | | | | | | |
|---|---|---|---|---|---|---|---|---|---|---|---|
| 谁 | 讠 + 隹 | | | | | | | | | | |
| | 丶 | 讠 | 讠' | 讠亻 | 讠亻' | 讠仐 | 讠仹 | 谁 | 谁 | 谁 | |

| 汉字 Hànzì | 结构与笔顺 jiégòu yǔ bǐshùn | | | | | | | | | | |
|---|---|---|---|---|---|---|---|---|---|---|---|
| 几 | 丿 | 几 | | | | | | | | | |
| 工 | 一 | 丅 | 工 | | | | | | | | |
| 夫 | 二 + 人 | | | | | | | | | | |
| | 一 | 二 | 夫 | 夫 | | | | | | | |
| 研 | 石 + 开 | | | | | | | | | | |
| | 一 | 丆 | 丆 | 石 | 石 | 石一 | 石二 | 矸 | 研 | | |
| 究 | 穴 + 九 | | | | | | | | | | |
| | 丶 | 丶丶 | 宀 | 宀 | 穴 | 究 | 究 | | | | |
| 给 | 纟 + 合 | | | | | | | | | | |
| | 𠃋 | 纟 | 纟 | 纟 | 纵 | 给 | 给 | 给 | 给 | | |
| 邮 | 由 + 阝 | | | | | | | | | | |
| | 丨 | 冂 | 日 | 由 | 由 | 由阝 | 邮 | | | | |
| 件 | 亻 + 牛 | | | | | | | | | | |
| | 丿 | 亻 | 亻 | 仁 | 仁 | 件 | | | | | |
| 交 | 丶 | 亠 | 六 | 六 | 交 | 交 | | | | | |
| 今 | 丿 | 人 | 亼 | 今 | | | | | | | |
| 猜 | 犭 + 青 | | | | | | | | | | |
| | 丿 | 犭 | 犭 | 犭 | 犭 | 犭 | 猜 | 猜 | 猜 | 猜 | 猜 |
| 姐 | 女 + 且 | | | | | | | | | | |
| | 𡿨 | 女 | 女 | 如 | 如 | 如 | 姐 | 姐 | | | |
| 妹 | 女 + 未 | | | | | | | | | | |
| | 𡿨 | 女 | 女 | 女 | 女 | 妹 | 妹 | 妹 | | | |

| 汉字<br>Hànzì | 结构与笔顺<br>jiégòu yǔ bǐshùn | | | | | | | | | | | |
|---|---|---|---|---|---|---|---|---|---|---|---|---|
| 狗 | 犭＋句 | ノ | 犭 | 犭 | 犭 | 犳 | 犳 | 狗 | 狗 | | | |
| 信 | 亻＋言 | 亻 | 亻 | 亻 | 仩 | 仩 | 信 | 信 | 信 | 信 | | |
| 教 | 孝＋攵 | 一 | 十 | 土 | 耂 | 耂 | 考 | 孝 | 孝 | 教 | 教 | 教 |
| 庭 | 广＋廷 | 丶 | 亠 | 广 | 广 | 庄 | 庄 | 庄 | 庭 | 庭 | | |
| 弟 | | 丶 | 丷 | 丷 | 当 | 弚 | 弟 | 弟 | | | | |
| 封 | 圭＋寸 | 一 | 十 | 土 | 土 | 圭 | 圭 | 圭 | 封 | 封 | | |
| 长 | | ノ | 𠂉 | 长 | 长 | | | | | | | |
| 主 | | 丶 | 亠 | 亠 | 主 | 主 | | | | | | |
| 妇 | 女＋彐 | 𡿨 | 女 | 女 | 妇 | 妇 | 妇 | | | | | |
| 医 | 匚＋矢 | 一 | 二 | 二 | 医 | 医 | 医 | 医 | | | | |
| 司 | | 𠃌 | 司 | 司 | 司 | 司 | | | | | | |
| 职 | 耳＋只 | 一 | 丅 | 丌 | 耳 | 耳 | 耳 | 耳 | 职 | 职 | 职 | 职 |
| 员 | 口＋贝 | 丨 | 冂 | 口 | 员 | 员 | 员 | 员 | | | | |

续表

| 汉字 Hànzì | 结构与笔顺 jiégòu yǔ bǐshùn | | | | | | | | | | |
|---|---|---|---|---|---|---|---|---|---|---|---|
| 厂 | 一 | 厂 | | | | | | | | | |
| 任 | 亻 + 壬 | | | | | | | | | | |
| | 丿 | 亻 | 亻丿 | 亻𠂉 | 仟 | 任 | | | | | |
| 经 | 纟 + 조 | | | | | | | | | | |
| | 𠃋 | 乡 | 纟 | 纟ㄱ | 纟又 | 纟又一 | 纟又工 | 经 | | | |
| 理 | 王 + 里 | | | | | | | | | | |
| | 一 | 二 | 干 | 王 | 王丨 | 王冂 | 王日 | 王日 | 王甲 | 王里 | 理 |
| 副 | 畐 + 刂 | | | | | | | | | | |
| | 一 | 一丨 | 一冂 | 一口 | 一口丨 | 一口冂 | 一口日 | 一口田 | 畐 | 畐丨 | 副 |
| 谈 | 讠 + 炎 | | | | | | | | | | |
| | 丶 | 讠 | 讠丶 | 讠丷 | 讠丷丿 | 讠火 | 讠火丶 | 讠火丷 | 讠炎 | 谈 | |
| 为 | 丶 | 丶丿 | 为 | 为 | | | | | | | |
| 贝 | 丨 | 冂 | 贝 | 贝 | | | | | | | |
| 拉 | 扌 + 立 | | | | | | | | | | |
| | 一 | 十 | 扌 | 扌丶 | 扌亠 | 扌亠丶 | 扌亠丷 | 拉 | | | |
| 海 | 氵 + 每 | | | | | | | | | | |
| | 丶 | 冫 | 氵 | 氵丿 | 氵𠂉 | 氵𠂉𠃋 | 海 | 海 | 海 | 海 | |
| 伦 | 亻 + 仑 | | | | | | | | | | |
| | 丿 | 亻 | 亻丿 | 亻人 | 亻今 | 伦 | | | | | |

Dì-èr kè
第二课

# 我请客，你付钱

## 一 课文 Text

### （一）

（在大街上，山本正和大内上子遇见了方云天　Yamamoto Masa and Ôuchi Kamiko met Fang Yuntian in the street）

山　本：方云天，你好！

Fāng Yúntiān, nǐ hǎo!

方云天：你们好！下午没有课吗？

Nǐmen hǎo! Xiàwǔ méiyou kè ma?

大　内：有，刚下课。

Yǒu, gāng xiàkè.

方云天：你们去哪儿？

Nǐmen qù nǎr?

山　本：去书店。

Qù shūdiàn.

大　内：他想买一张世界地图，我想买一本《汉日词典》。

Tā xiǎng mǎi yì zhāng shìjiè dìtú, wǒ xiǎng mǎi yì běn《Hàn-Rì Cídiǎn》.

方云天：我有两本《汉日词典》，送你一本吧。

Wǒ yǒu liǎng běn《Hàn-Rì Cídiǎn》, sòng nǐ yì běn ba.

大　内：我怎么谢你呀？

Wǒ zěnme xiè nǐ ya?

山　本：好办，请客。

Hǎo bàn, qǐngkè.

大　内：（开玩笑地说　jokingly）可以。我请客，你付钱。

Kěyǐ. Wǒ qǐngkè, nǐ fù qián.

## （二）

（在书店里　In a bookstore）

山　本：你好！请问，有世界地图吗？

Nǐ hǎo! Qǐngwèn, yǒu shìjiè dìtú ma?

营业员：有。是这种地图册吗？

Yǒu. Shì zhè zhǒng dìtúcè ma?

山　本：不是这种，是单张的世界地图。

Bú shì zhè zhǒng, shì dān zhāng de shìjiè dìtú.

营业员：单张的世界地图现在没有。

Dān zhāng de shìjiè dìtú xiànzài méiyou.

山　本：什么时候有？

Shénme shíhou yǒu?

营业员：不知道。（停了停　stop for a little while）

Bù zhīdao.

别着急，我现在就去问经理。

Bié zháojí, wǒ xiànzài jiù qù wèn jīnglǐ.

山　本：谢谢！

Xièxie!

## 二 生词 New words

| | | | |
|---|---|---|---|
| 1. 请客 | （动） | qǐngkè | to stand treat, to invite sb. to dinner, to give a dinner party |
| 2. 付 | （动） | fù | to pay |
| 3. 钱 | （名） | qián | money |
| 4. 下午 | （名） | xiàwǔ | afternoon |
| 5. 刚 | （副） | gāng | just, only a short while ago |
| 6. 张 | （量） | zhāng | a measure word for paper, newspaper, desks, tables or mouths, etc. |
| 7. 世界 | （名） | shìjiè | world |
| 8. 地图 | （名） | dìtú | map |
| 9. 本 | （量） | běn | a measure word for books |
| 10. 词典 | （名） | cídiǎn | dictionary |
| 11. 两 | （数） | liǎng | two |
| 12. 送 | （动） | sòng | to give as a present, to deliver |
| 13. 呀 | （助） | ya | (a modal particle) |
| 14. 可以 | （能动） | kěyǐ | can, may |
| 15. 营业员 | （名） | yíngyèyuán | shop employee, salesman |
| 营业 | （动） | yíngyè | to do business |
| 16. 种 | （量） | zhǒng | a measure word for kinds and types |
| 17. 册 | | cè | volume |
| 18. 单 | （形） | dān | single |
| 19. 现在 | （名） | xiànzài | now, at present |
| 20. 知道 | （动） | zhīdao | to know, to understand |
| 知 | （动） | zhī | to know, to be aware of |
| 21. 就 | （副） | jiù | at once, right away |

### 补充词汇　Supplementary words

| | | | |
|---|---|---|---|
| 1. 上午 | （名） | shàngwǔ | morning, forenoon |
| 2. 上课 | （动） | shàngkè | to attend class |
| 3. 钢笔 | （名） | gāngbǐ | pen, fountain pen |
| 笔 | （名） | bǐ | pen |
| 4. 铅笔 | （名） | qiānbǐ | pencil |
| 5. 黑板 | （名） | hēibǎn | blackboard |

| | | | |
|---|---|---|---|
| 6. 多少 | （代） | duōshao | how many, how much |
| 少 | （形） | shǎo | few, little, less |
| 7. 班 | （名） | bān | class |
| 8. 系 | （名） | xì | department, faculty |
| 9. 劳驾 | （动） | láojià | Excuse me. |
| 10. 支 | （量） | zhī | a measure word for long, thin, inflexible objects and for songs or musical compositions |
| 11. 圆珠笔 | （名） | yuánzhūbǐ | ball-point pen |
| 12. 本子 | （名） | běnzi | notebook |
| 13. 年级 | （名） | niánjí | grade |

### 专名 Proper nouns

| | | |
|---|---|---|
| 1. 汉日词典 | Hàn-Rì Cídiǎn | Chinese-Japanese Dictionary |
| 2. 日汉词典 | Rì-Hàn Cídiǎn | Japanese-Chinese Dictionary |
| 3. 英汉词典 | Yīng-Hàn Cídiǎn | English-Chinese Dictionary |
| 4. 汉英词典 | Hàn-Yīng Cídiǎn | Chinese-English Dictionary |

## 三 课堂练习 Exercises

### （一）语音 Pronunciation

1. 朗读定调音节 Read aloud the syllables and pay attention to the tones

| | | | | |
|---|---|---|---|---|
| 都听 | 还听 | 也听 | 再听 | 听的 |
| 都读 | 还读 | 也读 | 再读 | 读的 |
| 都写 | 还写 | 也写 | 再写 | 写的 |
| 都看 | 还看 | 也看 | 再看 | 看的 |

2. 辨音辨调 Distinguish the sounds and tones

| | | | | | |
|---|---|---|---|---|---|
| shāngdiàn | 商店 | shàngwǔ | 上午 | shàngkè | 上课 |
| shūdiàn | 书店 | xiàwǔ | 下午 | xiàkè | 下课 |

| | | | | | |
|---|---|---|---|---|---|
| shénme | 什么 | qǐngkè | 请客 | shìjiè | 世界 |
| zěnme | 怎么 | qǐngwèn | 请问 | shījiě | 师姐 |
| dìtú | 地图 | zhīdao | 知道 | gǎngbì | 港币 |
| tìtóu | 剃头 | zhìzào | 制造 | gāngbǐ | 钢笔 |

3. 双音节声调　Tones of disyllables

| | | | | |
|---|---|---|---|---|
| | shēntǐ | 身体 | qiānbǐ | 铅笔 |
| | gāngbǐ | 钢笔 | cāochǎng | 操场 |
| dōu xiě: | gōngchǎng | 工厂 | jīngcǎi | 精彩 |
| | jīběn | 基本 | sīxiǎng | 思想 |
| | shēngchǎn | 生产 | hēibǎn | 黑板 |
| | shāngdiàn | 商店 | shēngdiào | 声调 |
| | gōngzuò | 工作 | tōngguò | 通过 |
| dōu kàn: | gāoxìng | 高兴 | ānjìng | 安静 |
| | chūxiàn | 出现 | fāxiàn | 发现 |
| | chēzhàn | 车站 | yīyuàn | 医院 |

4. 重音　Stress

(1) 什么　怎么　多少　哪儿

(2) 爷爷　奶奶　爸爸　妈妈　哥哥　姐姐　弟弟　妹妹

(3) 一个　两个　三个　四口　五口　六口

一只　两只　三只　四位　五位　六位

一课　两课　三课　四张　五张　六张

一本　两本　三本　四种　五种　六种

(4) 十　十一　十二　十三　十四　十五　十六　十七　十八　十九

二十　三十　四十　五十　六十　七十　八十　九十

十个　二十个　三十个　四十个　五十个　六十个　七十个

八十个　九十个

二十一个　三十二个　四十三个　五十四个　六十五个

七十六个　八十七个　九十八个

| | | |
|---|---|---|
| (5) 有书 | 有两本书 | 没有书 |
| 有词典 | 有三本词典 | 没有词典 |
| 有地图 | 有四张地图 | 没有地图 |
| 有哥哥 | 有一个哥哥 | 没有哥哥 |
| 有弟弟 | 有两个弟弟 | 没有弟弟 |

5. 语调　Intonation

| | | |
|---|---|---|
| 谁去商店? | 谁去书店? | 谁有词典? |
| 你买什么词典? | 你买什么地图? | 你买什么书? |
| 你们班有多少学生? | 你们系有多少学生? | 你们学校有多少学生? |
| 你是哪国人? | 你买哪种地图? | 你去哪儿? |

## （二）词语　Words and phrases

朗读短语　Read aloud the phrases

| | | |
|---|---|---|
| (1) 请客 | 请你 | 请我 |
| 请他 | 请你们 | 请他们 |
| (2) 请老师 | 请方老师 | 请方老师和白老师 |
| 请中国同学 | 请两位中国同学 | 请王才和方云天 |
| (3) 买书 | 买一本书 | 买一本中文书 |
| 买词典 | 买一本词典 | 买一本《汉日词典》 |
| 买地图 | 买一张地图 | 买一张世界地图 |
| 买地图册 | 买一本地图册 | 买一本中国地图册 |

## （三）句型　Sentence patterns

### 1. 朗读问句　Read aloud the sentences

（1）请问，有世界地图吗？

（2）劳驾，有世界地图吗？

（3）请问，有《汉日词典》吗？

（4）劳驾，有《汉日词典》吗？

（5）请问，这儿有厕所吗？

（6）劳驾，这儿有厕所吗？

（7）请问，男厕所在哪儿？

（8）劳驾，女厕所在哪儿？

### 2. 替换　Substitution

（1）我有词典。

你　他　她　我们　你们　他们　山本　大内

（2）A：你有哥哥吗？

B：我有哥哥。

A：你有几个哥哥？

B：我有一个 哥哥。

| | |
|---|---|
| 姐姐 | 两个 |
| 弟弟 | 三个 |
| 妹妹 | 四个 |
| 嫂子 | 一个 |
| 中国朋友 | 两个 |
| 美国朋友 | 三个 |
| 日本朋友 | 四个 |
| 中国老师 | 五个 |

（3）A：你有汉语词典吗？

B：我没有汉语词典。

A：你有什么词典？

B：我有《汉日词典》。

| | |
|---|---|
| 《汉日词典》 | 《日汉词典》 |
| 《英汉词典》 | 《汉英词典》 |
| 汉语词典 | 日语词典 |
| 中文书 | 日文书 |
| 中国地图 | 世界地图 |
| 中国地图 | 美国地图 |
| 中国地图 | 日本地图 |

（4）A：你有几支钢笔？

B：我有两支钢笔。

| | | |
|---|---|---|
| 你 | 铅笔（支） | 三 |
| 你 | 圆珠笔（支） | 一 |
| 你 | 本子（个） | 四 |
| 你 | 词典（本） | 一 |
| 你 | 地图（张） | 两 |
| 你 | 手表（块） | 一 |
| 你 | 书架（个） | 两 |
| 你家 | 人（口） | 五 |
| 你们班 | 老师（个） | 四 |

（5）A：你们班有多少学生？

B：我们班有十个学生。

| | | |
|---|---|---|
| 班 | 老师 | 四 |
| 系 | 老师 | 三十六 |
| 年级 | 美国学生 | 四十五 |
| 年级 | 中国学生 | 九十八 |
| 学校 | 日本学生 | 八十二 |
| 学校 | 中国老师 | 九十五 |

3. 回答问题（肯定回答） Answer the following questions (Give affirmative answers)

（1）你有钢笔吗？你有几支钢笔？

（2）你有本子吗？你有几个本子？

（3）你有钱吗？你有多少钱？

（4）你有书吗？你有多少本书？

（5）你有地图吗？你有什么地图？

（6）你有词典吗？你有什么词典？

4. 回答问题（先否定，再用所给词语做肯定回答） Answer the following questions (Give a negative answer first, then give an affirmative one with the words given in brackets)

| | |
|---|---|
| （1）你有铅笔吗？ | （圆珠笔） |
| （2）你有《汉日词典》吗？ | （《日汉词典》） |
| （3）你有中国地图吗？ | （世界地图） |
| （4）你有单张的地图吗？ | （地图册） |
| （5）你有姐姐吗？ | （妹妹） |
| （6）你有哥哥吗？ | （弟弟） |

（四）按照下列情景，用本课句型说话 Have a conversation on the following topics with the patterns in the text

（1）下午四点多，你在校园里遇见一个中国同学。

（2）你在书店买词典。

（3）跟一个中国同学谈你们班有多少学生。

## 四 家庭作业 Homework

### （一）阅读 Reading

**我想请客**

山　本：艾米，那是书店吗？

艾　米：那不是书店，那是商店。

山　本：哪儿有书店？

艾　米：前边有。

山　本：离（lí，to be away from）这儿远吗？

艾　米：不远。你是买书吗？

山　本：不，我想买一张世界地图，还想买一本《汉日词典》。

（山本和艾米从书店里出来　Yamamoto and Amy came out of a bookstore）

山　本：艾米，你忙不忙？

艾　米：我不忙，有事吗？

山　本：我想请客。

艾　米：请客？请谁？

山　本：请两位中国同学，王才和方云天。

艾　米：还请别人（biéren，others）吗？

山　本：还请你。

艾　米：谢谢。什么时候？

山　本：明天晚上怎么样？

艾　米：可以。

山　本：下课以后，我们去找王才和方云天，说说请客的事儿。

艾　米：好。

1. 读后回答　Answer the following questions after reading

（1）山本问艾米什么？

（2）艾米怎么回答的？

（3）哪儿有书店？

(4) 书店离这儿远不远?

(5) 山本想买什么?

2. 判别正误 True or false

(1) 艾米很忙。 ( )

(2) 艾米想请客。 ( )

(3) 艾米想请两位中国同学王才和方云天。 ( )

(4) 艾米想明天晚上请客。 ( )

(5) 山本下课以后去找王才和方云天。 ( )

3. 分角色朗读 Play roles and read aloud

## (二) 词语 Words and phrases

1. 用下列生词至少组成两个短语 Make at least two phrases with each of the following words

(1) 付: ________ ________　　(2) 送: ________ ________

(3) 知道: ________ ________　　(4) 钱: ________ ________

(5) 词典: ________ ________　　(6) 地图: ________ ________

(7) 少: ________ ________　　(8) 本子: ________ ________

(9) 上午: ________ ________　　(10) 上课: ________ ________

2. 读下列数字，并写成汉字 Read the numbers and write the characters of them

11________　23________　36________　40________

55________　62________　79________　88________

94________　99________

3. 填入合适的量词，然后用“几”或“多少”提问　Fill in the blanks with proper measure words, then ask questions with “几” or “多少”

［例］我有两________中国朋友。

→ 我有两___个___中国朋友。

你有几___个___中国朋友？

（1）我家有五________人。

（2）我买两________世界地图。

（3）我们班有十二________学生。

（4）我们系有二十八________老师。

（5）方云天有两________《汉日词典》。

（6）贝拉有一________小狗。

（7）我想买四十________中文书。

（8）黑板上有三________句子。

（9）黑板上有十________生词。

## （三）汉字　Chinese characters

1. 写出带“氵”的汉字　Write some characters with the radical of “氵”

| | | | | | | | | | | |
|---|---|---|---|---|---|---|---|---|---|---|
| 氵 | | | | | | | | | | |

2. 写出带“钅”的汉字　Write some characters with the radical of “钅”

| | | | | | | | | | | |
|---|---|---|---|---|---|---|---|---|---|---|
| 钅 | | | | | | | | | | |

3. 给下列汉字注音并组成词或短语　Write the Pinyin of the following characters and make words or phrases with them

（1）刚：________ ________　　　　钢：________ ________

（2）没：________ ________　　　　铅：________ ________

(3) 介：________ ________　　界：________ ________

(4) 每：________ ________　　海：________ ________

(5) 地：________ ________　　他：________ ________

她：________ ________

(6) 国：________ ________　　图：________ ________

园：________ ________

## 五 语法　Grammar

### (一) 领有句　Sentence of possession

"有"可表示领有。表示拥有某人、物、事、属性、特点的句子称为领有句。"有"不能用"不"否定，只能用"没"否定。例如：

"有" indicates possession. A sentence which indicates the possession of people, matters, things, properties and characteristics is known as a sentence of possession. "没" is used in its negative form, in which "不" can not be used. For example:

(1) 我有两本《汉日词典》。

(2) A：你们下午没有课吗？

B：不，有课。

### (二) 特指疑问句　Special question

用疑问代词提问的句子称为特指疑问句。句中疑问焦点在哪个句法位置上，就把疑问代词放在哪个句法位置上。例如：

The sentence in which a question is raised by using an interrogative pronoun is known as a special question. The interrogative pronoun is placed at the syntactic position where the question is asked about. For example:

(1) 今天晚上你做什么？

(2) 你家有几口人？

（3）我怎么谢你呀？

### （三）百以内称数法　The way to express the numbers below 100

百以内整数称数法如下：

The way to express the integral numbers below 100 as follows:

| | | | | | | | | | |
|---|---|---|---|---|---|---|---|---|---|
| 1 | 2 | 3 | 4 | 5 | 6 | 7 | 8 | 9 | 10 |
| 一 | 二 | 三 | 四 | 五 | 六 | 七 | 八 | 九 | 十 |
| 11 | 12 | 13 | 14 | 15 | 16 | 17 | 18 | 19 | 20 |
| 十一 | 十二 | 十三 | 十四 | 十五 | 十六 | 十七 | 十八 | 十九 | 二十 |
| 21 | 22 | 23 | 24 | 25 | 26 | 27 | 28 | 29 | 30 |
| 二十一 | 二十二 | 二十三 | 二十四 | 二十五 | 二十六 | 二十七 | 二十八 | 二十九 | 三十 |
| …… | | | | | | | | | |
| 91 | 92 | 93 | 94 | 95 | 96 | 97 | 98 | 99 | |
| 九十一 | 九十二 | 九十三 | 九十四 | 九十五 | 九十六 | 九十七 | 九十八 | 九十九 | |

## 六 注释　Notes

### （一）“二”与“两”的用法　The usage of “二” and “两”

位数词“十”后边只用“二”，不用“两”，如“十二、三十二”。

“二” is used after “十”, such as “十二” and “三十二”, but “两” can not be used in this way.

位数词“十”前边只用“二”，不用“两”，如“二十、二十一、二十五”。

“二” is used before “十”, such as “二十”, “二十一” and “二十五”, but “两” can not be used in this way.

普通量词前边一般用“两”，不用“二”，如“两个人、两本书、两张地图”。

Usually, “两” is used before common measure words, such as “两个人”, “两本书”

and “两张地图”, but “二” can not be used in this way.

“二位”一般用于当面称呼，如“您二位、二位老师”。

“二位” is used in the form of address, face to face, such as “您二位” and “二位老师”.

### （二）“几”和“多少” “几” and “多少”

“几”一般用来提问十以内的数目，但提问序数时不受此条件的限制。用在名词（“楼”等除外）前边时，后边一般要带量词。例如：

“几” is usually used to ask about the numbers below ten, but if it is used to ask about ordinals, there is no such restriction. When “几” is used before nouns (except “楼” and so on), a measure word often follows closely after “几”. For example:

（1）你家有几口人？

（2）你住几楼？

“多少” 一般用来提问十以上的数目，但若无法确定是大于十还是小于十的数目时，也可用“多少”提问。用在名词前边时，后边可省略量词。例如：

“多少” is used to ask about the numbers above ten. When it is not sure that the number asked about is above or below ten, “多少” is often used. When “多少” is used before a noun, the measure word can be omitted. For example:

（3）你们学校有多少学生？

（4）你要用多少钱？

## 七 汉字表 Table of Chinese characters' order of strokes

| 汉字 Hànzì | 结构与笔顺 jiégòu yǔ bǐshùn | | | | | | | | | | |
|---|---|---|---|---|---|---|---|---|---|---|---|
| 付 | 亻 + 寸 | | | | | | | | | | |
| | ノ | 亻 | 亻一 | 付 | 付 | | | | | | |

续表

| 汉字 Hànzì | 结构与笔顺 jiégòu yǔ bǐshùn | | | | | | | | | | | |
|---|---|---|---|---|---|---|---|---|---|---|---|---|
| 钱 | 钅 + 戋 | | | | | | | | | | | |
| | 丿 | 𠂉 | 𠂉 | 𠂉 | 钅 | 钅 | 钅 | 钱 | 钱 | 钱 | | |
| 午 | 丿 | 𠂉 | 𠂉 | 午 | | | | | | | | |
| 刚 | 冈 + 刂 | | | | | | | | | | | |
| | 丨 | 冂 | 冂 | 冈 | 冈 | 刚 | | | | | | |
| 世 | 一 | 十 | 廿 | 廿 | 世 | | | | | | | |
| 界 | 田 + 介 | | | | | | | | | | | |
| | 丨 | 冂 | 冂 | 田 | 田 | 界 | 界 | 界 | 界 | | | |
| 地 | 土 + 也 | | | | | | | | | | | |
| | 一 | 十 | 土 | 地 | 地 | 地 | | | | | | |
| 典 | 曲 + 八 | | | | | | | | | | | |
| | 丨 | 冂 | 冂 | 由 | 曲 | 曲 | 典 | 典 | | | | |
| 两 | 一 | 丆 | 丙 | 丙 | 丙 | 两 | 两 | | | | | |
| 送 | 关 + 辶 | | | | | | | | | | | |
| | 丶 | 丷 | 䒑 | 兰 | 关 | 关 | 送 | 送 | 送 | | | |
| 呀 | 口 + 牙 | | | | | | | | | | | |
| | 丨 | 冂 | 口 | 口 | 口 | 呀 | 呀 | | | | | |
| 营 | 艹 + 冖 + 吕 | | | | | | | | | | | |
| | 一 | 十 | 艹 | 艹 | 艹 | 营 | 营 | 营 | 营 | 营 | 营 | |
| 种 | 禾 + 中 | | | | | | | | | | | |
| | 丿 | 二 | 千 | 禾 | 禾 | 禾 | 和 | 和 | 种 | | | |
| 册 | 丿 | 刀 | 刀 | 册 | 册 | | | | | | | |

续表

| 汉字 Hànzì | 结构与笔顺 jiégòu yǔ bǐshùn | | | | | | | | | | | |
|---|---|---|---|---|---|---|---|---|---|---|---|---|
| 单 | 丷 + 甲 | | | | | | | | | | | |
| | 丶 | 丷 | 丷 | 𫩏 | 𫩏 | 甶 | 𠀍 | 单 | | | | |
| 现 | 王 + 见 | | | | | | | | | | | |
| | 一 | 二 | 干 | 王 | 玎 | 玑 | 玑 | 现 | | | | |
| 知 | 矢 + 口 | | | | | | | | | | | |
| | 丿 | 𠂉 | 𠂉 | 午 | 矢 | 矢 | 知 | 知 | | | | |
| 道 | 首 + 辶 | | | | | | | | | | | |
| | 丶 | 丷 | 䒑 | 䒑 | 䒑 | 肖 | 首 | 首 | 首 | 首 | 道 | 道 |
| 就 | 京 + 尤 | | | | | | | | | | | |
| | 丶 | 亠 | 亠 | 亠 | 亠 | 亨 | 京 | 京 | 京 | 就 | 就 | 就 |
| 钢 | 钅 + 冈 | | | | | | | | | | | |
| | 丿 | 𠂉 | 𠂉 | 𠂉 | 钅 | 钅 | 钔 | 钢 | 钢 | | | |
| 铅 | 钅 + 㕣 | | | | | | | | | | | |
| | 丿 | 𠂉 | 𠂉 | 𠂉 | 钅 | 钅 | 铅 | 铅 | 铅 | 铅 | | |
| 黑 | 里 + 灬 | | | | | | | | | | | |
| | 丨 | 冂 | 冂 | 冂 | 四 | 甲 | 甲 | 里 | 黑 | 黑 | 黑 | 黑 |
| 板 | 木 + 反 | | | | | | | | | | | |
| | 一 | 十 | 才 | 木 | 朩 | 杁 | 板 | 板 | | | | |
| 少 | 丨 | 小 | 小 | 少 | | | | | | | | |
| 班 | 王 + 丿 + 王 | | | | | | | | | | | |
| | 一 | 二 | 干 | 王 | 王 | 玎 | 班 | 班 | 班 | 班 | | |
| 系 | 一 | 乙 | 幺 | 幺 | 系 | 系 | 系 | | | | | |

| 汉字<br>Hànzì | 结构与笔顺<br>jiégòu yǔ bǐshùn |
| --- | --- |
| 劳 | 艹 + 冖 + 力<br>一 十 艹 艹 苎 劳 劳 |
| 驾 | 加 + 马<br>㇇ 力 加 加 加 驾 驾 驾 |
| 支 | 一 十 支 支 |
| 圆 | 囗 + 员<br>丨 冂 冂 冂 冋 冋 冋 圆 圆 圆 |
| 珠 | 王 + 朱<br>一 二 干 王 王 珠 珠 珠 珠 珠 |
| 年 | 丿 𠂉 𠂉 𠂉 年 年 |
| 级 | 纟 + 及<br>𠃋 纟 纟 纟 级 级 |

# Dì-sān kè 第三课 我想预订房间

## 一 课文 Text

（山本到一家宾馆预订房间，一位服务员走了过来　Yamamoto came to a hotel to reserve a room, an attendant came over）

服务员：先生，您好。

Xiānsheng, nín hǎo.

山　本：您好，我想预订房间。

Nín hǎo, Wǒ xiǎng yùdìng fángjiān.

服务员：您要什么样儿的房间？

Nín yào shénme yàngr de fángjiān?

山　本：一个单人间，最好是五层以下，二层以上。

Yí gè dānrénjiān, zuìhǎo shì wǔ céng yǐxià, èr céng yǐshàng.

服务员：518号房间怎么样？

518 hào fángjiān zěnmeyàng?

山　本：太好了，我就喜欢“8”。房间大吗？

Tài hǎo le, wǒ jiù xǐhuan “8”. Fángjiān dà ma?

服务员：比较大。

Bǐjiào dà.

山　本：夏天房间里热不热？

Xiàtiān fángjiān li rè bu rè?

服务员：房间里有空调，不热。

Fángjiān li yǒu kōngtiáo, bú rè.

山　本：住一天多少钱？

Zhù yì tiān duōshao qián?

服务员：520元人民币一天。您用现金还是支付宝？

520 yuán rénmínbì yì tiān. Nín yòng xiànjīn háishi Zhīfùbǎo?

山　本：支付宝。有没有什么优惠？

Zhīfùbǎo. Yǒu méiyou shénme yōuhuì?

服务员：您要住多少天？

Nín yào zhù duōshao tiān?

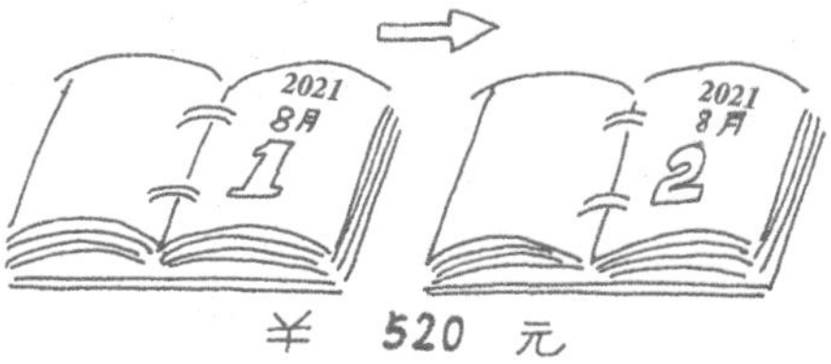


山　本：20周。

20 zhōu.

服务员：(考虑了一下儿　think for a while)

可以优惠一点儿，280 元一天吧。您哪天来住？

Kěyǐ yōuhuì yìdiǎnr, 280 yuán yì tiān ba. Nín nǎ tiān lái zhù?

山　本：后天。

Hòutiān.

服务员：后天见！

Hòutiān jiàn!

## 二 生词 New words

| | | | |
|---|---|---|---|
| 1. 预订 | （动） | yùdìng | to book, to reserve |
| 订 | （动） | dìng | to book, to order |
| 2. 房间 | （名） | fángjiān | room |
| 3. 宾馆 | （名） | bīnguǎn | hotel |
| 4. 服务员 | （名） | fúwùyuán | attendant, waiter or waitress |
| 服务 | （动） | fúwù | to serve, to give service to |
| 5. 先生 | （名） | xiānsheng | mister, sir |
| 6. 样儿 | （名） | yàngr | kind, type, form |
| 7. 单人间 | （名） | dānrénjiān | single room |
| 8. 最好 | （副） | zuìhǎo | best, had better |
| 9. 层 | （量） | céng | a measure word for storey, floor, layer, stratum |

| | | | |
|---|---|---|---|
| 10. 以下 | （名） | yǐxià | below, under |
| 11. 以上 | （名） | yǐshàng | above, over, more than |
| 12. 号 | （名） | hào | number |
| 13. 喜欢 | （动） | xǐhuan | to like, to love, to be fond of |
| 14. 大 | （形） | dà | big, large |
| 15. 夏天 | （名） | xiàtiān | summer |
| 夏季 | （名） | xiàjì | summer |
| 16. 热 | （形） | rè | hot |
| 17. 空调 | （名） | kōngtiáo | air conditioner |
| 18. 元 | （量） | yuán | a measure word for money |
| 19. 现金 | （名） | xiànjīn | cash |
| 20. 还是 | （连） | háishi | or |
| 21. 优惠 | （形） | yōuhuì | preferential, favourable |
| 22. 周 | （名） | zhōu | week |
| 23. 考虑 | （动） | kǎolǜ | to think, to consider |
| 24. 一点儿 | （数量） | yìdiǎnr | a bit, a little |
| 25. 后天 | （名） | hòutiān | the day after tomorrow |

## 补充词汇 Supplementary words

| | | | |
|---|---|---|---|
| 1. 苹果 | （名） | píngguǒ | apple |
| 2. 简单 | （形） | jiǎndān | easy, simple |
| 3. 合适 | （形） | héshì | suitable, appropriate, fit |
| 4. 冷 | （形） | lěng | cold |
| 5. 冬天 | （名） | dōngtiān | winter |
| 冬季 | （名） | dōngjì | winter |
| 6. 凉快 | （形） | liángkuai | cool |
| 7. 暖和 | （形） | nuǎnhuo | warm |
| 8. 衣服 | （名） | yīfu | clothes |
| 9. 件 | （量） | jiàn | a measure word for matters in general and for clothing, furniture, luggage, etc. |
| 10. 好吃 | （形） | hǎochī | delicious |
| 11. 暖气 | （名） | nuǎnqì | central heating |

| | | | |
|---|---|---|---|
| 12. 双 | (形) | shuāng | double |
| 13. 前天 | (名) | qiántiān | the day before yesterday |

### 专名 Proper nouns

| | | |
|---|---|---|
| 1. 人民币 | rénmínbì | Renminbi (RMB) |
| 2. 支付宝 | Zhīfùbǎo | Alipay |
| 3. 美元 | měiyuán | US dollar |

## 二 课堂练习 Exercises

### （一）语音 Pronunciation

1. 朗读定调音节 Read aloud the syllables and pay attention to the tones

| | | | | |
|---|---|---|---|---|
| 都听 | 还听 | 也听 | 再听 | 听的 |
| 都读 | 还读 | 也读 | 再读 | 读的 |
| 都写 | 还写 | 也写 | 再写 | 写的 |
| 都看 | 还看 | 也看 | 再看 | 看的 |

2. 辨音辨调 Distinguish the sounds and tones

| | | | | | |
|---|---|---|---|---|---|
| fángjiān | 房间 | xiǎojiě | 小姐 | dānjiānr | 单间儿 |
| fángqián | 房钱 | xiǎojié | 小结 | dān zhāng | 单张 |
| xǐhuan | 喜欢 | rénmín | 人民 | kōngtiáo | 空调 |
| xíguàn | 习惯 | rénmíng | 人名 | pēngtiáo | 烹调 |
| pínkǔ | 贫苦 | biǎndan | 扁担 | héshì | 合适 |
| píngguǒ | 苹果 | jiǎndān | 简单 | héshí | 核实 |

### 3. 双音节声调　Tones of disyllables

| | | | | |
|---|---|---|---|---|
| | fángjiān | 房间 | shíjiān | 时间 |
| | míngtiān | 明天 | zuótiān | 昨天 |
| hái tīng: | niánqīng | 年轻 | chénggōng | 成功 |
| | guójiā | 国家 | nóngcūn | 农村 |
| | tígāo | 提高 | wénzhāng | 文章 |
| | xuéxí | 学习 | zháojí | 着急 |
| | shítáng | 食堂 | yóujú | 邮局 |
| hái dú: | rénmín | 人民 | mínzú | 民族 |
| | tóngxué | 同学 | tuánjié | 团结 |
| | chángcháng | 常常 | wánchéng | 完成 |

### 4. 重音　Stress

(1) 最大　最好　最忙　最累　最热　最冷　最贵　最便宜

(2) 很大　很好　很忙　很累　很热　很冷　很贵　很便宜

(3) 比较大　比较好　比较忙　比较累

比较热　比较冷　比较贵　比较便宜

(4) 不大　不好　不忙　不累　不热　不冷　不贵　不便宜

### 5. 语调　Intonation

他是不是美国人？

你们下午有没有课？

你们明天去不去公园？

你晚上学习不学习？

你念不念课文？

你做不做练习？

你写不写汉字？

## （二）词语 Words and phrases

### 1. 朗读短语 Read aloud the phrases

（1）喜欢爷爷　喜欢奶奶　喜欢爸爸　喜欢妈妈
喜欢哥哥　喜欢弟弟　喜欢姐姐　喜欢妹妹

（2）喜欢老师　喜欢方老师　喜欢白老师

（3）喜欢学生　喜欢艾米　喜欢贝拉　喜欢大内
喜欢山本

（4）喜欢八　喜欢六　喜欢九　喜欢夏天
喜欢冬天

（5）喜欢这本书　喜欢这块手表　喜欢这张桌子　喜欢这个房间

（6）喜欢学习　喜欢学习汉语　喜欢看书　喜欢看中文书

（7）喜欢去公园　喜欢去书店　喜欢去图书馆

（8）喜欢帮助同学　喜欢住宾馆

### 2. 把下列短语扩展成句子，然后以肯定形式回答 Make questions with the following phrases, then give affirmative answers

［例］大不大

→ 这个房间大不大？——这个房间很大。

（1）好不好　（2）多不多　（3）对不对
（4）累不累　（5）贵不贵　（6）高兴不高兴
（7）便宜不便宜　（8）着急不着急　（9）好看不好看
（10）紧张不紧张

### 3. 把下列短语扩展成句子，然后以否定形式回答 Make questions with the following phrases, then give negative answers

［例］去不去

→ 你去不去图书馆？——我不去图书馆。

（1）是不是　（2）买不买　（3）住不住　（4）吃不吃

（5）喝不喝　（6）想不想　（7）用不用　（8）要不要

（9）听不听　（10）看不看　（11）念不念　（12）说不说

（13）记不记　（14）写不写　（15）做不做

## （三）句型　Sentence patterns

### 1. 替换　Substitution

（1）A：哪本 词典 便宜？

B：这本 词典 便宜。

| | |
|---|---|
| 房间（个） | 凉快 |
| 房间（个） | 暖和 |
| 练习（个） | 容易 |
| 衣服（件） | 合适 |
| 花儿（种） | 好看 |
| 苹果（种） | 好吃 |
| 方法（种） | 简单 |
| 钢笔（支） | 好用 |

（2）A：那个房间 大不大？

B：那个房间不大。（那个房间很大。）

| | |
|---|---|
| 房间 | 冷 |
| 房间 | 热 |
| 房间 | 暖和 |
| 房间 | 凉快 |
| 练习 | 难 |
| 商店 | 远 |
| 书店 | 近 |

（3）A：你现在休息不休息？

B：休息。（不休息。）

学习　复习　预习　练习　回答　介绍　知道　办公

（4）A：你去不去商店？

B：我去商店。（我不去商店。）

| | |
|---|---|
| 去 | 书店 |
| 去 | 公园 |
| 去 | 食堂 |
| 回 | 家 |
| 听 | 录音 |
| 写 | 作业 |
| 念 | 课文 |
| 用 | 铅笔 |

（5）A：你买词典不买？

B：买。（不买。）

| | |
|---|---|
| 买 | 地图 |
| 买 | 衣服 |
| 买 | 苹果 |
| 买 | 本子 |
| 去 | 公园 |
| 想 | 家 |
| 做 | 作业 |

（6）A：你有词典没有？

B：有。（没有。）

| | |
|---|---|
| 你哥哥 | 中国地图 |
| 你嫂子 | 世界地图 |
| 你弟弟 | 钢笔 |
| 你姐姐 | 铅笔 |
| 你妹妹 | 圆珠笔 |
| 你朋友 | 本子 |

2. 回答问题（否定回答） Answer the following questions (Give negative answers)

（1）你的房间干净吗？

（2）这儿的冬天冷吗？

（3）这儿的夏天热吗？

（4）这种苹果好吃吗？

（5）这件衣服合适吗？

（6）他是美国人吗？

（7）你的房间有空调吗？

（8）你的房间有暖气吗？

（9）你想去公园吗？

（10）你现在听录音吗？

（11）你买世界地图吗？

（12）你现在复习课文吗？

（四）按照下列情景，用本课句型说话 Have a conversation on the following topics with the patterns in the text

（1）你跟你的同学谈房间的情况。

（2）你跟你的同学商量明天去哪儿。

（3）你跟你的同学谈喜欢的人或物。

## 四 家庭作业 Homework

（一）阅读 Reading

**山本正住在宾馆**

山本正是日本学生，他住在白云宾馆。

他的房间是一个很大的双人间。夏天，房间里有空调，不热。冬天有暖气，房间里一点儿也不冷。

这个宾馆离学校不太远，他每天走路（zǒulù，to walk on foot）去上课。

### 艾米的房间也不便宜

艾　米：你住在哪个房间？

山　本：我住在518号房间。

艾　米：住一天要付多少钱？

山　本：280块人民币，便宜吗？

艾　米：不太便宜。

山　本：你住的房间，一天多少钱？

艾　米：一天30美元。

山　本：你一个人住，每天只付30美元，不贵。

艾　米：我不是一个人住，我还有个同屋（tóngwū，roommate）呢，不便宜。

1. 读后回答　Answer the following questions after reading

（1）山本正住哪儿？

（2）他的房间怎么样？

（3）他住的宾馆离学校远不远？

（4）他每天怎么去上课？

2. 填空　Fill in the blanks

（1）山本住________号房间。

（2）山本住一天要付________人民币。

（3）艾米的房间住一天付________美元。

（4）山本觉得一天付________美元________。

（5）艾米觉得她的房间________。

3. 朗读课文　Read aloud the text

4. 仿照课文“山本正住在宾馆”写一写“我住在……”　Use text “山本正住在宾馆” as an example and write a story of your own in the topic of “我住在……”

## （二）词语　Words and phrases

1. 用下列生词至少组成两个短语　Make at least two phrases with each of the following words

| | |
|---|---|
| （1）房间：________ ________ | （2）衣服：________ ________ |
| （3）前天：________ ________ | （4）后天：________ ________ |
| （5）夏天：________ ________ | （6）冬天：________ ________ |
| （7）空调：________ ________ | （8）宾馆：________ ________ |
| （9）喜欢：________ ________ | （10）以下：________ ________ |
| （11）合适：________ ________ | （12）简单：________ ________ |

## （三）汉字　Chinese characters

1. 写出带“口”的汉字　Write some characters with the radical of “口”

| 口 | | | | | | | | | | |
|---|---|---|---|---|---|---|---|---|---|---|

2. 写出带“日”的汉字　Write some characters with the radical of “日”

| 日 | | | | | | | | | | |
|---|---|---|---|---|---|---|---|---|---|---|

3. 给下列汉字注音并组成词或短语　Write the Pinyin of the following characters and make words or phrases with them

（1）问：________ ________　　间：________ ________

(2) 考：________ ________　　老：________ ________

(3) 同：________ ________　　周：________ ________

(4) 注：________ ________　　住：________ ________

(5) 造：________ ________　　适：________ ________

(6) 房：________ ________　　层：________ ________

## 五 语法 Grammar

### (一) 形容词谓语句 Adjective predicate sentence

以形容词为谓语或谓语中心语的句子称为形容词谓语句。在汉语里，形容词或形容词短语可直接充当谓语。主语与形容词或形容词短语之间不需要用动词"是"。形容词谓语句中的谓语多由形容词短语充当。例如：

A sentence in which an adjective acts as the predicate or the headword of the predicate is known as an adjective predicate sentence. In Chinese, adjectives and adjectival phrases can act as predicates alone. In such sentences, the verb "是" is not needed between subjects and adjectives or adjectival phrases. In the adjective predicate sentence, the predicate often is an adjectival phrase. For example:

| 主语<br>zhǔyǔ | 谓语<br>wèiyǔ |
|---|---|
| 我 | 很累。 |
| 那个房间 | 比较大。 |

### (二) 正反疑问句 (1) Affirmative-negative question (1)

一般正反疑问句的谓语是由动词或形容词的肯定形式与否定形式并列构成的。说话人要求听话人选择其中一项，但说话人对答案没有倾向性。例如：

Usually, the predicate of an affirmative-negative question is composed of an affirmative form and a negative form of a verb or an adjective. The speaker expects the listener to choose one of the forms as an answer, to which the speaker has no tendency.

For example:

| 主语 zhǔyǔ | 谓语 wèiyǔ |
|---|---|
| 房间里 | 热不热？ |
| 你 | 用不用词典？ |
| 你 | 用词典不用？ |
| 你 | 用词典不？ |

**注意：**形容词前边不能加程度副词，如不能说“房间里很热不很热？”。

**Points for attention:** An adverb of degree can not be placed before the adjective of the affirmative-negative question, such as “房间里很热不很热？”.

## 六 汉字表 Table of Chinese characters' order of strokes

| 汉字 Hànzì | 结构与笔顺 jiégòu yǔ bǐshùn |
|---|---|
| 订 | 讠 + 丁<br>丶 讠 讠一 订 |
| 房 | 户 + 方<br>丶 ㇇ ⺕ 户 户 户亠 户方 房 |
| 间 | 门 + 日<br>丶 丨 门 门 门丨 门𠃍 间 |
| 宾 | 宀 + 兵<br>丶 丶丶 宀 宀丿 宀丿一 宀丘 宀丘 宀丘一 宾 宾 |
| 服 | 月 + 𠬝<br>丿 ⺆ 月 月 月𠃌 月卩 月卩丿 服 |

| 汉字 Hànzì | 结构与笔顺 jiégòu yǔ bǐshùn | | | | | | | | | | | |
|---|---|---|---|---|---|---|---|---|---|---|---|---|
| 务 | 夂 + 力 | | | | | | | | | | | |
| | 丿 | 𠂊 | 夂 | 务 | 务 | | | | | | | |
| 先 | ⺧ + 儿 | | | | | | | | | | | |
| | 丿 | 𠂉 | ⺧ | 生 | 生 | 先 | | | | | | |
| 层 | 尸 + 云 | | | | | | | | | | | |
| | ㇆ | コ | 尸 | 尸 | 层 | 层 | 层 | | | | | |
| 号 | 口 + 丂 | | | | | | | | | | | |
| | 丨 | 𠃍 | 口 | 口 | 号 | | | | | | | |
| 喜 | 士 + 吾 | | | | | | | | | | | |
| | 一 | 十 | 士 | 士 | 吉 | 吉 | 吉 | 吉 | 壴 | 壴 | 喜 | 喜 |
| 夏 | 百 + 夂 | | | | | | | | | | | |
| | 一 | 丆 | 丆 | 丙 | 丙 | 百 | 百 | 頁 | 頁 | 夏 | | |
| 季 | 禾 + 子 | | | | | | | | | | | |
| | 丿 | 二 | 千 | 禾 | 禾 | 季 | 季 | 季 | | | | |
| 热 | 执 + 灬 | | | | | | | | | | | |
| | 一 | 十 | 扌 | 扌 | 执 | 执 | 执 | 热 | 热 | 热 | | |
| 元 | 二 + 儿 | | | | | | | | | | | |
| | 一 | 二 | 亓 | 元 | | | | | | | | |
| 周 | 冂 + 吉 | | | | | | | | | | | |
| | 丿 | 冂 | 冂 | 用 | 用 | 周 | 周 | 周 | | | | |
| 考 | 耂 + 丂 | | | | | | | | | | | |
| | 一 | 十 | 土 | 耂 | 耂 | 考 | | | | | | |

| 汉字 Hànzì | 结构与笔顺 jiégòu yǔ bǐshùn | | | | | | | | | | | |
|---|---|---|---|---|---|---|---|---|---|---|---|---|
| 虑 | 虍 + 心 | | | | | | | | | | | |
| | 丨 | ⺊ | ⺊ | 卢 | 卢 | 虍 | 虍 | 虑 | 虑 | 虑 | | |
| 点 | 占 + 灬 | | | | | | | | | | | |
| | 丨 | ⺊ | ⺊ | 占 | 占 | 占 | 占 | 点 | 点 | | | |
| 苹 | 艹 + 平 | | | | | | | | | | | |
| | 一 | 十 | 艹 | 廿 | 廿 | 芏 | 芏 | 苹 | | | | |
| 果 | 丨 | 冂 | 冃 | 日 | 旦 | 甲 | 果 | 果 | | | | |
| 简 | ⺮ + 间 | | | | | | | | | | | |
| | ノ | 𠂉 | 𠂉 | ⺮ | ⺮ | ⺮ | ⺮ | 简 | 简 | 简 | 简 | 简 |
| | 简 | | | | | | | | | | | |
| 合 | 入 + 一 + 口 | | | | | | | | | | | |
| | ノ | 人 | 亼 | 亼 | 合 | 合 | | | | | | |
| 适 | 辶 + 舌 | | | | | | | | | | | |
| | ノ | 二 | 千 | 千 | 舌 | 舌 | 舌 | 话 | 适 | | | |
| 冷 | 冫 + 令 | | | | | | | | | | | |
| | 丶 | 冫 | 冫 | 冫 | 冫 | 冷 | 冷 | | | | | |
| 冬 | ノ | 夂 | 夂 | 冬 | 冬 | | | | | | | |
| 凉 | 冫 + 京 | | | | | | | | | | | |
| | 丶 | 冫 | 冫 | 冫 | 冫 | 凉 | 凉 | 凉 | 凉 | 凉 | | |
| 快 | 忄 + 夬 | | | | | | | | | | | |
| | 丶 | 丶 | 忄 | 忄 | 忄 | 快 | 快 | | | | | |

续表

| 汉字 Hànzì | 结构与笔顺 jiégòu yǔ bǐshùn | | | | | | | | | | | |
|---|---|---|---|---|---|---|---|---|---|---|---|---|
| 暖 | 日 + 爰 | | | | | | | | | | | |
| | 丨 | 𠃍 | 月 | 日 | 日丿 | 日𠂇 | 日⺈ | 日爫 | 日爫一 | 日爫二 | 日爫干 | 日爫𠀎 |
| | 暖 | | | | | | | | | | | |
| 衣 | 丶 | 亠 | 𠂉 | 𧘇 | 衤 | 衣 | | | | | | |
| 双 | 又 + 又 | | | | | | | | | | | |
| | フ | 又 | 对 | 双 | | | | | | | | |
| 币 | 一 | 丆 | 巾 | 币 | | | | | | | | |

Dì-sì kè
# 第四课 大内小姐真聪明

## 一 课文 Text

### （一）

（一天课后，在教室里　One day after class, in the classroom）

大　内：方老师，您最近忙不忙？

Fāng lǎoshī, nín zuìjìn máng bu máng?

方　龙：很忙，你有什么事儿？

Hěn máng, nǐ yǒu shénme shìr?

大　内：我想请您辅导我汉语。

Wǒ xiǎng qǐng nín fǔdǎo wǒ Hànyǔ.

方　龙：对不起，我没有时间。

Duìbuqǐ, wǒ méiyou shíjiān.

大　内：您给我介绍一位老师，可以吗？

Nín gěi wǒ jièshào yí wèi lǎoshī, kěyǐ ma?

方　龙：可以。你想找什么样儿的老师？

Kěyǐ. Nǐ xiǎng zhǎo shénme yàngr de lǎoshī?

大　内：最好是发音好的年轻老师，懂日语更好。

Zuìhǎo shì fāyīn hǎo de niánqīng lǎoshī, dǒng Rìyǔ gèng hǎo.

方　龙：找男的还是女的？

Zhǎo nán de háishi nǚ de?

大　内：都行。

Dōu xíng.

方　龙：你认识方云天吗？

Nǐ rènshi Fāng Yúntiān ma?

大　内：认识。他是山本的朋友。

Rènshi. Tā shì Shānběn de péngyou.

方　龙：他是北京人，又懂日语。

Tā shì Běijīngrén, yòu dǒng Rìyǔ.

大　内：太好了！

Tài hǎo le!

## （二）

（在校园里　On campus）

大　内：方老师，你好！

Fāng lǎoshī, nǐ hǎo!

方云天：别客气，叫我名字吧。

Bié kèqi, jiào wǒ míngzi ba.

大　内：请问，什么时候开始辅导？

Qǐngwèn, shénme shíhou kāishǐ fǔdǎo?

方云天：哪天开始都行。你想练习发音还是学习语法？

Nǎ tiān kāishǐ dōu xíng. Nǐ xiǎng liànxí fāyīn háishi xuéxí yǔfǎ?

大　内：我想练习发音。

Wǒ xiǎng liànxí fāyīn.

方云天：每周几次？

Měi zhōu jǐ cì?

大　内：两次。周二、周四下午两点到四点在我的宿舍辅导，行吗？

Liǎng cì. Zhōu'èr, zhōusì xiàwǔ liǎng diǎn dào sì diǎn zài wǒ de sùshè fǔdǎo, xíng ma?

方云天：去女生宿舍不太方便，去教室吧！

Qù nǚshēng sùshè bú tài fāngbiàn, qù jiàoshì ba!

大　内：可以。每小时要付多少钱？

Kěyǐ. Měi xiǎoshí yào fù duōshao qián?

方云天：不要钱。我们两个“交换”，怎么样？

Bú yào qián. Wǒmen liǎng gè “jiāohuàn”, zěnmeyàng?

大　内：“交换”是什么意思？

“Jiāohuàn” shì shénme yìsi?

方云天：两点到三点，我教你汉语。

Liǎng diǎn dào sān diǎn, wǒ jiāo nǐ Hànyǔ.

大　内：三点到四点，我教你日语，是这个意思吗？

Sān diǎn dào sì diǎn, wǒ jiāo nǐ Rìyǔ, shì zhège yìsi ma?

方云天：是的，大内小姐真聪明！

Shì de, Dànèi xiǎojiě zhēn cōngming!

大　内：出这个主意的人更聪明！

Chū zhège zhúyi de rén gèng cōngming!

## 二 生词 New words

| | | | |
|---|---|---|---|
| 1. 小姐 | （名） | xiǎojiě | miss |
| 2. 真 | （副） | zhēn | really, indeed |
| 3. 聪明 | （形） | cōngming | clever, bright |
| 4. 辅导 | （动） | fǔdǎo | to give guidance in study or training, to tutor |
| 5. 时间 | （名） | shíjiān | time |
| 6. 年轻 | （形） | niánqīng | young |
| 7. 懂 | （动） | dǒng | to know, to understand |
| 8. 更 | （副） | gèng | more, still more, further |
| 9. 又 | （副） | yòu | additionally, again |
| 10. 开始 | （动） | kāishǐ | to begin, to start |
| 11. 语法 | （名） | yǔfǎ | grammar |
| 12. 次 | （量） | cì | a measure word for enumerated events |

| | | | |
|---|---|---|---|
| 13. 点 | （量） | diǎn | o’clock |
| 14. 女生 | （名） | nǚshēng | woman student, girl student, schoolgirl |
| 15. 方便 | （形） | fāngbiàn | convenient |
| 16. 教室 | （名） | jiàoshì | classroom |
| 室 | | shì | room |
| 17. 小时 | （名） | xiǎoshí | hour |
| 18. 交换 | （动） | jiāohuàn | to exchange |
| 19. 教 | （动） | jiāo | to teach |
| 20. 出 | （动） | chū | to issue, to put up |
| 21. 主意 | （名） | <口> zhúyi | idea |

## 补充词汇　Supplementary words

| | | | |
|---|---|---|---|
| 1. 听力 | （名） | tīnglì | aural comprehension, hearing |
| 2. 口语 | （名） | kǒuyǔ | oral language, spoken language |
| 3. 老 | | lǎo | (used as a prefix) in terms of address before the surnames of acquaintances or friends to indicate intimacy or informality |
| 4. 男生 | （名） | nánshēng | man student, boy student, schoolboy |
| 5. 年纪 | （名） | niánjì | age |
| 6. 阶段 | （名） | jiēduàn | period, stage |
| 7. 儿子 | （名） | érzi | son |
| 8. 女儿 | （名） | nǚ’ér | daughter |

## 专名　Proper nouns

| | | |
|---|---|---|
| 1. 北京 | Běijīng | Beijing |
| 2. 法语 | Fǎyǔ | French |
| 法文 | Fǎwén | French |
| 3. 英语 | Yīngyǔ | English |
| 英文 | Yīngwén | English |
| 4. 意大利语 | Yìdàlìyǔ | Italian |
| 意大利文 | Yìdàlìwén | Italian |

| | | |
|---|---|---|
| 5. 德语 | Déyǔ | German |
| 德文 | Déwén | German |
| 6. 俄语 | Éyǔ | Russian |
| 俄文 | Éwén | Russian |
| 7. 西班牙语 | Xībānyáyǔ | Spanish |
| 西班牙文 | Xībānyáwén | Spanish |
| 8. 阿拉伯语 | Ālābóyǔ | Arabic |
| 阿拉伯文 | Ālābówén | Arabic |
| 9. 于 | Yú | a Chinese surname |
| 10. 丁 | Dīng | a Chinese surname |
| 11. 李 | Lǐ | a Chinese surname |
| 12. 赵 | Zhào | a Chinese surname |
| 13. 张 | Zhāng | a Chinese surname |
| 14. 马 | Mǎ | a Chinese surname |

## 二 课堂练习 Exercises

### （一）语音 Pronunciation

1. 朗读定调音节 Read aloud the syllables and pay attention to the tones

| | | | | |
|---|---|---|---|---|
| 都听 | 还听 | 也听 | 再听 | 听的 |
| 都读 | 还读 | 也读 | 再读 | 读的 |
| 都写 | 还写 | 也写 | 再写 | 写的 |
| 都看 | 还看 | 也看 | 再看 | 看的 |

2. 辨音辨调 Distinguish the sounds and tones

| | | | | | |
|---|---|---|---|---|---|
| fǔdǎo | 辅导 | shíjiān | 时间 | kāishǐ | 开始 |
| wǔdǎo | 舞蹈 | xíjiān | 席间 | kāishuǐ | 开水 |
| liànxí | 练习 | tīnglì | 听力 | zhúyi | 主意 |
| liánxì | 联系 | dìnglǐ | 定理 | zhùyì | 注意 |

| | | | | | |
|---|---|---|---|---|---|
| jiāohuàn | 交换 | Fǎyǔ | 法语 | kèyú | 课余 |
| jiǎohuá | 狡猾 | yǔfǎ | 语法 | kǒuyǔ | 口语 |

3. 双音节声调 Tones of disyllables

| | | | | |
|---|---|---|---|---|
| | cídiǎn | 词典 | niúnǎi | 牛奶 |
| | pínkǔ | 贫苦 | píjiǔ | 啤酒 |
| hái xiě: | píngguǒ | 苹果 | quántǐ | 全体 |
| | yóuyǒng | 游泳 | chuántǒng | 传统 |
| | chéngguǒ | 成果 | chéngzhǎng | 成长 |
| | chídào | 迟到 | cídài | 磁带 |
| | fúwù | 服务 | jiéshù | 结束 |
| hái kàn: | xuéxiào | 学校 | xuéyuàn | 学院 |
| | yídìng | 一定 | yígòng | 一共 |
| | shíjiàn | 实践 | shíxiàn | 实现 |

4. 重音 Stress

（1）白老师教我们汉语。 方老师教我们汉语。
王老师教我们汉语。 张老师教我们汉语。

（2）他们叫我小王。 他们叫我小方。
他们叫我老王。 他们叫我老白。

（3）小王送我一本词典。 小王送我一张地图。
小王送我一本中文书。 小王送我一本地图册。

（4）方云天辅导我汉语。 艾米辅导他英语。
山本辅导他日语。 贝拉辅导他意大利语。

5. 语调 Intonation

（1）是你去，还是他去？
你是去，还是不去？

他是老师，还是学生？

你喜欢这本书，还是那本书？

你喜欢夏天，还是冬天？

你学习英语，还是日语？

你今天去，还是明天去？

你找男老师，还是女老师？

你想练习发音，还是学习汉字？

你复习课文，还是预习生词？

（2）你是给朋友写信，还是给爸爸妈妈写信？

你跟王才一起去，还是跟方云天一起去？

这是男生宿舍楼，还是女生宿舍楼？

这是中国地图，还是世界地图？

（3）我们一起去找方老师，怎么样？

我们一起去看方老师，怎么样？

我们互相帮助，怎么样？

我们交换辅导，怎么样？

## （二）词语 Words and phrases

朗读短语 Read aloud the phrases

| | | | |
|---|---|---|---|
| （1）开始学习 | 开始练习 | 开始复习 | |
| 开始预习 | 开始预订 | 开始工作 | |
| 开始辅导 | 开始上课 | | |
| （2）练习发音 | 练习声调 | 练习生词 | |
| 练习课文 | 练习汉字 | | |
| （3）教汉语 | 教我们汉语 | 教日语 | 教你们日语 |
| 教英语 | 教他们英语 | 教法语 | 教他法语 |
| 教德语 | 教她德语 | | |

### （三）句型　Sentence patterns

#### 1. 替换　Substitution

（1）A：谁教你们汉语？

B：王老师教我们汉语。

| | |
|---|---|
| 英语 | 白老师 |
| 日语 | 方老师 |
| 法语 | 于老师 |
| 德语 | 丁老师 |
| 俄语 | 李老师 |
| 意大利语 | 赵老师 |
| 西班牙语 | 张老师 |
| 阿拉伯语 | 马老师 |
| 听力 | 王老师 |
| 口语 | 方老师 |

（2）A：王老师教他们什么？

B：王老师教他们汉语。

| | |
|---|---|
| 白老师 | 英语 |
| 方老师 | 日语 |
| 于老师 | 法语 |
| 丁老师 | 德语 |
| 李老师 | 俄语 |
| 赵老师 | 意大利语 |
| 张老师 | 西班牙语 |
| 马老师 | 阿拉伯语 |
| 王老师 | 听力 |
| 丁老师 | 口语 |

（3）A：谁辅导你汉语？

B：方云天辅导我汉语。

| | |
|---|---|
| 英语 | 艾米 |

| | |
|---|---|
| 日语 | 山本正 |
| 法语 | 于老师 |
| 德语 | 丁兰 |
| 俄语 | 王才 |
| 意大利语 | 贝拉 |
| 西班牙语 | 彼得 |
| 阿拉伯语 | 马老师 |

（4）A：谁送你一本词典？

B：小方送我一本词典。

| | |
|---|---|
| 地图（张） | 小白 |
| 地图册（本） | 小于 |
| 钢笔（支） | 小丁 |
| 圆珠笔（支） | 小马 |
| 本子（个） | 小张 |
| 手表（块） | 小李 |
| 衣服（件） | 小赵 |

（5）A：他们叫你什么？

B：他们叫我小王。

小白　小丁　小于　小马　老张　老李　老方　老赵

（6）A：他是老师还是学生？

B：他是学生。

| | |
|---|---|
| 大夫 | 老师 |
| 经理 | 职员 |
| 服务员 | 营业员 |
| 院长 | 校长 |
| 你的哥哥 | 你的弟弟 |
| 你的同学 | 你的朋友 |

（7）A：你懂英语还是懂法语？

B：我懂法语。

| | |
|---|---|
| 去 | 不去 |
| 去书店 | 去商店 |
| 有 | 没有 |
| 有《日汉词典》 | 有《汉日词典》 |
| 买 | 不买 |
| 买钢笔 | 买铅笔 |
| 找男老师 | 找女老师 |
| 想练习发音 | 学习语法 |
| 找年纪大的 | 找年轻的 |

2. 根据实际情况回答 Give the actual answers

（1）谁教你们语法和课文？

（2）谁教你们听力？

（3）谁教你们口语？

（4）谁教你们汉字？

（5）你喜欢夏天还是冬天？

（6）下课以后你去食堂还是回宿舍？

（7）下午你去教室还是去图书馆？

（8）晚上你听录音还是写汉字？

（四）按照下列情景，用本课句型说话 Have a conversation on the following topics with the patterns in the text

（1）你请老师辅导你汉语。

（2）你请老师介绍别人辅导你汉语。

## 四 家庭作业 Homework

### （一）阅读 Reading

**交换辅导**

现在到了语法阶段，可是大内上子的发音和声调还不太好。她很着急，想请方龙老师辅导，可是方老师最近很忙，没有时间。大内请他介绍一位老师，方老师说："方云天是北京人，发音好，还懂日语。请他辅导你汉语，行吗？"大内说："老师说行就行。"

方云天和大内每周交换辅导两次，每次两小时。晚上七点到八点，方云天教大内汉语。八点到九点，大内教方云天日语。他们互相学习，互相帮助。

大内觉得这种辅导方法很不错（búcuò，quite good），她很高兴。

1. 读后回答 Answer the following questions after reading

（1）大内上子为什么很着急？

（2）方龙为什么不辅导大内？

（3）方龙为什么介绍方云天辅导大内？

（4）"老师说行就行。"是什么意思？

（5）方云天和大内怎么辅导？

（6）大内觉得这种辅导方法怎么样？

2. 朗读课文 Read aloud the text

### （二）词语和句子 Words and sentences

1. 用下列生词至少组成两个短语 Make at least two phrases with each of the following words

（1）聪明：________ ________　　（2）年轻：________ ________

（3）方便：________ ________　　（4）教室：________ ________

（5）时间：________ ________　　（6）小时：________ ________

(7) 主意：________ ________　　(8) 教：________ ________

(9) 开始：________ ________　　(10) 辅导：________ ________

(11) 语法：________ ________　　(12) 更：________ ________

2. 把下列词语连成句子　Connect the following words into sentences

[例] 方　老师　忙　很　最近

→ 方老师最近很忙。

(1) 他们　英语　教　谁

(2) 谁　聪明　班　你们　最

(3) 是　交换　意思　什么

(4) 我们　时候　辅导　开始　什么

(5) 去　教室　你　还是　图书馆　去

(6) 喜欢　儿子　女儿　还是　他

(7) 你　我　请　给　出　主意　一个

(8) 晚上　方便　不　太　男生　宿舍　辅导　去

## (三) 汉字　Chinese characters

1. 写出带“纟”的汉字　Write some characters with the radical of “纟”

| 纟 | | | | | | | | | | |
|---|---|---|---|---|---|---|---|---|---|---|

2. 写出带“木”的汉字　Write some characters with the radical of “木”

| 木 | | | | | | | | | | |
|---|---|---|---|---|---|---|---|---|---|---|

3. 给下列汉字注音并组成词或短语　Write the Pinyin of the following characters and make words or phrases with them

(1) 轻：________ ________　　经：________ ________

(2) 室：________ ________　　到：________ ________

(3) 西：________ ________　　两：________ ________

(4) 职：________ ________　　聪：________ ________

(5) 记：________ ________　　纪：________ ________

(6) 李：________ ________　　季：________ ________

(7) 音：________ ________　　意：________ ________

## 五 语法　Grammar

### （一）选择疑问句　Alternative question

把供选择的两项（或多项）内容用“是……，还是……”这种结构形式连接起来，要求听话人果断地做出选择的问句就是选择疑问句。例如：

A sentence which is composed of two or several alternatives joined by the structure “是……，还是……”, is known as an alternative question. The listener is expected to choose one of the alternatives as an answer. For example:

（1）A：你是去，还是不去？

　　B：去。

（2）A：你是听录音，还是念课文？

　　B：念课文。

### （二）结构助词“的”　The structural particle “的”

结构助词“的”用于连接定语及其中心语。带“的”的定语具有对比或特别强调的作用。例如：

The structural particle “的” is used to link an attributive with its headword. An attributive with “的” functions as comparison or stress. For example:

（1）单张的世界地图没有。

（2）这是我的词典！

## 六 注释 Notes

"是的"　The phrase "是的"

"是的"用来表示肯定。在汉语里，不论对方的话语是陈述句还是是非疑问句，是肯定形式还是否定形式，只要是对对方话语的内容表示肯定，就可以用"是的"回应。例如：

"是的" is used to indicate confirmation. In Chinese, no matter a declarative sentence or a yes-no question is used, and no matter an affirmative or a negative is used, "是的" can be used in the answer, as long as the things talked about are true to the fact. For example:

（1）A：你现在去图书馆吗？

B：是的。

（2）A：你们下午没有课吗？

B：是的。

## 七 汉字表 Table of Chinese characters' order of strokes

| 汉字 Hànzì | 结构与笔顺 jiégòu yǔ bǐshùn | | | | | | | | | | | |
|---|---|---|---|---|---|---|---|---|---|---|---|---|
| 真 | 十 + 具 | | | | | | | | | | | |
| | 一 | 十 | 𠂇 | 冇 | 冇 | 冇 | 冇 | 直 | 真 | 真 | | |
| 聪 | 耳 + 总 | | | | | | | | | | | |
| | 一 | 丅 | 丌 | 冂 | 冃 | 耳 | 耳 | 耳' | 耳' | 聍 | 聍 | 聍 |
| | 聪 | 聪 | 聪 | | | | | | | | | |
| 辅 | 车 + 甫 | | | | | | | | | | | |
| | 一 | 七 | 车 | 车 | 车一 | 车厂 | 车冂 | 车冂 | 车甬 | 辅 | 辅 | |

续表

| 汉字 Hànzì | 结构与笔顺 jiégòu yǔ bǐshùn | | | | | | | | | | | |
|---|---|---|---|---|---|---|---|---|---|---|---|---|
| 导 | 巳 + 寸 | | | | | | | | | | | |
| | ㇕ | コ | 巳 | 巳一 | 导 | 导 | | | | | | |
| 轻 | 车 + 조 | | | | | | | | | | | |
| | 一 | 𠂇 | 车 | 车 | 车ㄱ | 车ス | 车ス一 | 车ス十 | 轻 | | | |
| 懂 | 忄 + 董 | | | | | | | | | | | |
| | 丶 | 丶丶 | 忄 | 忄一 | 忄十 | 忄艹 | 忄艹 | 忄艹 | 忄艹 | 忄 | 忄 | 忄 |
| | 懂 | 懂 | 懂 | | | | | | | | | |
| 更 | 一 | 丆 | 丙 | 丙 | 曰 | 申 | 更 | | | | | |
| 又 | フ | 又 | | | | | | | | | | |
| 开 | 一 | 二 | チ | 开 | | | | | | | | |
| 始 | 女 + 台 | | | | | | | | | | | |
| | ㄑ | 𡿨 | 女 | 女𠃋 | 女厶 | 女厶 | 始 | 始 | | | | |
| 次 | 冫 + 欠 | | | | | | | | | | | |
| | 丶 | 冫 | 冫丿 | 冫𠂊 | 冫ク | 次 | | | | | | |
| 室 | 宀 + 至 | | | | | | | | | | | |
| | 丶 | 丶丶 | 宀 | 宀一 | 宀𠫓 | 宀𠫓 | 宀𠫓 | 宀至 | 室 | | | |
| 换 | 扌 + 奂 | | | | | | | | | | | |
| | 一 | 亅 | 扌 | 扌丿 | 扌ク | 扌⺈ | 扌⺈ | 扌⺈ | 扌 | 换 | | |
| 出 | 乚 | 凵 | 屮 | 出 | 出 | | | | | | | |
| 力 | ㇆ | 力 | | | | | | | | | | |
| 纪 | 纟 + 己 | | | | | | | | | | | |
| | 𠃋 | 幺 | 纟 | 纟㇕ | 纟コ | 纪 | | | | | | |

| 汉字 Hànzì | 结构与笔顺 jiégòu yǔ bǐshùn | | | | | | | | | | | |
|---|---|---|---|---|---|---|---|---|---|---|---|---|
| 阶 | 阝 + 介 | | | | | | | | | | | |
| | 了 | 阝 | 阝丿 | 阝人 | 阝𠆢 | 阶 | | | | | | |
| 段 | 𠂆 + 殳 | | | | | | | | | | | |
| | ㇒ | 𠂆 | 𠂆一 | 𠂆二 | 𠂆三 | 𠂆三㇀ | 𠂆三几 | 段 | 段 | | | |
| 北 | 丬 + 匕 | | | | | | | | | | | |
| | 丨 | 丨一 | 丬 | 丬丿 | 北 | | | | | | | |
| 京 | 亠 + 口 + 小 | | | | | | | | | | | |
| | 丶 | 亠 | 亠丨 | 亠冂 | 亠口 | 亠口亅 | 亠口亅丿 | 京 | | | | |
| 利 | 禾 + 刂 | | | | | | | | | | | |
| | ㇒ | 二 | 千 | 千丿 | 禾 | 禾丨 | 利 | | | | | |
| 德 | 彳 + 㥁 | | | | | | | | | | | |
| | 丿 | 彡 | 彳 | 彳一 | 彳十 | 彳十丨 | 彳十冂 | 彳十冂丨 | 彳十罒 | 彳十罒一 | 彳惪 | 彳惪 |
| | 德 | 德 | 德 | | | | | | | | | |
| 俄 | 亻 + 我 | | | | | | | | | | | |
| | 丿 | 亻 | 亻丿 | 亻二 | 亻扌 | 亻手 | 亻手戈 | 俄 | 俄 | | | |
| 西 | 一 | 丆 | 丙 | 丙 | 两 | 西 | | | | | | |
| 牙 | 一 | 二 | 于 | 牙 | | | | | | | | |
| 阿 | 阝 + 可 | | | | | | | | | | | |
| | 了 | 阝 | 阝一 | 阝丆 | 阝丆口 | 阝可 | 阿 | | | | | |
| 伯 | 亻 + 白 | | | | | | | | | | | |
| | 丿 | 亻 | 亻丿 | 亻丿丨 | 亻白 | 亻白 | 伯 | | | | | |
| 于 | 一 | 二 | 于 | | | | | | | | | |

续表

| 汉字 Hànzì | 结构与笔顺 jiégòu yǔ bǐshùn | | | | | | | | | | | |
|---|---|---|---|---|---|---|---|---|---|---|---|---|
| 李 | 木 + 子 | | | | | | | | | | | |
| | 一 | 十 | 才 | 木 | [illegible] | [illegible] | 李 | | | | | |
| 赵 | 走 + 乂 | | | | | | | | | | | |
| | 一 | 十 | 土 | [illegible] | [illegible] | [illegible] | 走 | [illegible] | 赵 | | | |
| 马 | ㇆ | 马 | 马 | | | | | | | | | |

# Dì-wǔ kè 第五课 你为什么学习汉语

## 一 课文 Text

### （一）

（教室里，辅导结束后 In the classroom, after tutoring）

方云天：你最近进步很快。

Nǐ zuìjìn jìnbù hěn kuài.

大　内：这得感谢你的帮助。

Zhè děi gǎnxiè nǐ de bāngzhù.

方云天：我也要谢谢你。对了，我想问你一个问题。

Wǒ yě yào xièxie nǐ. Duìle, wǒ xiǎng wèn nǐ yí gè wèntí.

大　内：什么问题？

Shénme wèntí?

方云天：你为什么学习汉语？

Nǐ wèi shénme xuéxí Hànyǔ?

大　内：我想去公司当翻译。你呢？你准备做什么工作？

Wǒ xiǎng qù gōngsī dāng fānyì. Nǐ ne? Nǐ zhǔnbèi zuò shénme gōngzuò?

方云天：我还没想好。

Wǒ hái méi xiǎnghǎo.

大　内：你不想当公务员吗？

Nǐ bù xiǎng dāng gōngwùyuán ma?

方云天：我对当公务员没兴趣。

Wǒ duì dāng gōngwùyuán méi xìngqù.

大　内：你对什么工作有兴趣？

Nǐ duì shénme gōngzuò yǒu xìngqù?

方云天：我比较喜欢当教师。

Wǒ bǐjiào xǐhuan dāng jiàoshī.

大　内：能说说原因吗？

Néng shuōshuo yuányīn ma?

方云天：教师是最神圣的职业。你想，要是都不当老师，谁教你汉语？

Jiàoshī shì zuì shénshèng de zhíyè. Nǐ xiǎng, yàoshi dōu bù dāng lǎoshī, shéi jiāo nǐ Hànyǔ?

## （二）

（一天课后，白华跟几个学生聊天儿　One day after class, Bai Hua is chatting with some students）

白　华：我有个问题想问问你们。

Wǒ yǒu gè wèntí xiǎng wènwen nǐmen.

金汉成：什么问题？您说吧。

Shénme wèntí? Nín shuō ba.

白　华：你们为什么来中国学习汉语？

Nǐmen wèi shénme lái Zhōngguó xuéxí Hànyǔ?

贝　拉：我想当汉语教师，还喜欢旅行，学习结束以后我要去南方旅行。

Wǒ xiǎng dāng Hànyǔ jiàoshī, hái xǐhuan lǚxíng, xuéxí jiéshù yǐhòu wǒ yào qù nánfāng lǚxíng.

金汉成：我准备在中国经商。

Wǒ zhǔnbèi zài Zhōngguó jīngshāng.

艾　米：我想研究中国历史。

Wǒ xiǎng yánjiū Zhōngguó lìshǐ.

山　本：我觉得汉语特别有意思。

Wǒ juéde Hànyǔ tèbié yǒu yìsi.

白　华：彼得，你呢？

Bǐdé, nǐ ne?

彼　得：我想了解中国。

Wǒ xiǎng liǎojiě Zhōngguó.

## 二 生词 New words

| | | | |
|---|---|---|---|
| 1. 结束 | （动） | jiéshù | to finish, to end |
| 2. 进步 | （动） | jìnbù | to improve |
| 3. 快 | （形） | kuài | fast, quick |
| 4. 感谢 | （动） | gǎnxiè | to thank, to be grateful |
| 5. 问题 | （名） | wèntí | problem, question |
| 6. 当 | （动） | dāng | to act as, to become |
| 7. 翻译 | （名） | fānyì | translator, interpreter |
| 8. 准备 | （动） | zhǔnbèi | to plan, to prepare |
| 9. 公务员 | （名） | gōngwùyuán | government office worker, civil servant |
| 10. 对 | （介） | duì | to, for |
| 11. 兴趣 | （名） | xìngqù | interest |
| 12. 教师 | （名） | jiàoshī | teacher |
| 13. 能 | （能动） | néng | can, be capable of |
| 14. 原因 | （名） | yuányīn | reason, cause |
| 15. 神圣 | （形） | shénshèng | holy, sacred |
| 16. 职业 | （名） | zhíyè | occupation |
| 17. 要是 | （连） | yàoshi | if, in case |
| 要 | （连） | yào | if, in case |
| 18. 聊天儿 | （动） | <口> liáotiānr | to chat |
| 19. 旅行 | （动） | lǚxíng | to travel, to journey |
| 20. 南方 | （名） | nánfāng | south, the south part of a country |
| 21. 经商 | （动） | jīngshāng | to engage in trade, to be in business |
| 22. 历史 | （名） | lìshǐ | history |

| | | | |
|---|---|---|---|
| 23. 特别 | （副） | tèbié | specially, particularly |
| 24. 有意思 | | yǒu yìsi | interesting |
| 25. 了解 | （动） | liǎojiě | to know, to understand |

**补充词汇　Supplementary words**

| | | | |
|---|---|---|---|
| 1. 认为 | （动） | rènwéi | to think, to consider |
| 2. 进行 | （动） | jìnxíng | to carry on, to be in progress, to go on |
| 3. 只是 | （副） | zhǐshì | only, just |
| 4. 方面 | （名） | fāngmiàn | aspect |
| 5. 目的 | （名） | mùdì | purpose, aim |
| 6. 留学生 | （名） | liúxuéshēng | student studying abroad, overseas student |
| 留学 | （动） | liúxué | to study abroad |
| 7. 文化 | （名） | wénhuà | culture, civilization |
| 8. 完 | （动） | wán | to finish, to complete, to be over |
| 9. 慢 | （形） | màn | slow |

**专名　Proper nouns**

| | | |
|---|---|---|
| 1. 彼得 | Bǐdé | name of an American student |
| 2. 韩国 | Hánguó | the Republic of Korea |
| 3. 意大利 | Yìdàlì | Italy |

## 三 课堂练习 Exercises

### （一）语音　Pronunciation

1. 朗读定调音节　Read aloud the syllables and pay attention to the tones

| | | | | |
|---|---|---|---|---|
| 都听 | 还听 | 也听 | 再听 | 听的 |
| 都读 | 还读 | 也读 | 再读 | 读的 |
| 都写 | 还写 | 也写 | 再写 | 写的 |
| 都看 | 还看 | 也看 | 再看 | 看的 |

2. 辨音辨调　Distinguish the sounds and tones

| | | | | | |
|---|---|---|---|---|---|
| zhǔnbèi | 准备 | yīnwei | 因为 | jīngshāng | 经商 |
| zhuāngpèi | 装配 | rènwéi | 认为 | jiǎngshǎng | 奖赏 |
| jiàoshī | 教师 | zhíyè | 职业 | yuányīn | 原因 |
| jiàoshì | 教室 | zhīyè | 枝叶 | yuànyì | 愿意 |
| jìnxíng | 进行 | zhīshi | 知识 | fāngbiàn | 方便 |
| jìnqíng | 尽情 | zhǐshì | 只是 | fāngmiàn | 方面 |

3. 双音节声调　Tones of disyllables

| | | | | |
|---|---|---|---|---|
| yě tīng: | lǎoshī | 老师 | hǎochī | 好吃 |
| | yǔyīn | 语音 | yǐjīng | 已经 |
| | guǎngbō | 广播 | huǒchē | 火车 |
| | shǒudū | 首都 | yǎnchū | 演出 |
| | jiǎndān | 简单 | jǐnzhāng | 紧张 |
| yě dú: | yǔyán | 语言 | yǐqián | 以前 |
| | biǎoyáng | 表扬 | qǐchuáng | 起床 |
| | yǒumíng | 有名 | lǚxíng | 旅行 |
| | kěnéng | 可能 | shuǐpíng | 水平 |
| | jiǎnchá | 检查 | jiějué | 解决 |

4. 重音　Stress

| | | | | |
|---|---|---|---|---|
| （1） | 公司 | 经商 | 中学 | 空调 |
| | 身体 | 开始 | 高兴 | 交换 |
| | 房间 | 年轻 | 食堂 | 回答 |
| | 词典 | 辅导 | 服务 | 神圣 |
| | 老师 | 紧张 | 语言 | 小时 |

| | | | |
|---|---|---|---|
| 手表 | 好久 | 感谢 | 暖气 |
| 互相 | 教师 | 速成 | 进行 |
| 历史 | 上午 | 世界 | 现在 |
| (2) 休息 | 聪明 | 他们 | 先生 |
| 觉得 | 儿子 | 主意 | 朋友 |
| 晚上 | 怎么 | 嫂子 | 姐姐 |
| 认识 | 客气 | 意思 | 弟弟 |

（二）词语　Words and phrases

朗读短语　Read aloud the phrases

（1）进步
进步快
进步很快
最近进步很快
你最近进步很快

（2）公司
去公司
去公司当翻译
想去公司当翻译
我想去公司当翻译

（3）兴趣
有兴趣
对经商有兴趣
对经商没有兴趣
我对经商没有兴趣

（4）问题
一个问题
问一个问题
问你一个问题
我想问你一个问题

（三）按照下列情景，用本课句型说话　Have a conversation on the following topics with the patterns in the text

（1）你和你的同学谈为什么学习汉语。

（2）你和你的同学谈喜欢的职业。

## （四）功能会话：听后模仿 Functional conversation: listen and imitate

### 1. 自我介绍 Introducing oneself

A：我们认识一下儿，我叫王才。请问你叫什么名字？

B：我叫山本正。

### 2. 介绍他人 Introducing others

A：我来介绍一下儿，这是我的好朋友方云天，这位是日本同学山本正。

B：认识你我很高兴。

C：认识你我也很高兴。

### 3. 询问姓名 Asking about sb.'s name

（1）A：你姓什么？叫什么名字？

B：我姓王，叫王才。

（2）A：您贵姓？

B：我姓方，叫方龙。

（3）A：你是金汉成吧？

B：是，我是金汉成。

（4）A：你是谁？

B：我是山本正，日本学生。

### 4. 询问国籍 Asking about nationalities

（1）A：你是哪国人？

B：我是中国人。

（2）A：你是中国人吗？

B：我不是中国人，我是日本人。

（3）A：你是日本人吧？

B：对，我是日本人。

5. 询问性状 Asking about the properties and state

（1）A：房间大吗？

B：比较大。

（2）A：夏天房间里热不热？

B：不热。

6. 询问动作 Asking about the action

（1）A：你现在休息不休息？

B：不休息。

（2）A：你去不去商店？

B：去。

（3）A：你买词典不买？

B：买。

7. 询问兴趣 Asking about the interest

（1）A：你对什么工作有兴趣？

B：我对当教师有兴趣。

（2）A：你对当翻译有兴趣吗？

B：我对当翻译没有兴趣。

8. 询问领有的物品 Asking about the possessed things

（1）A：你有词典吗？

B：我有词典。

（2）A：你有汉语词典吗？

B：我没有汉语词典。

（3）A：请问，有世界地图吗？

B：有。

（4）A：小姐，有《汉日词典》吗？

B：没有。

9. 询问数量　Asking about the number of things or people

（1）A：你有几支铅笔？

B：我有三支铅笔。

（2）A：你们班有多少个学生？

B：我们班有十二个学生。

（3）A：你家有几口人？

B：我家有三口人。

（4）A：你们班有多少学生？

B：我们班有十个学生。

（5）A：你们系有多少老师？

B：我们系有九十五位老师。

（6）A：你要买几个本子？

B：三个。

10. 感谢　Thanks

（1）A：你要注意身体，别太累了。

B：谢谢！

A：不客气。

（2）A：请问，哪儿有书店？

B：前边有。

A：谢谢你！

B：不谢。

（3）A：你最近进步很快。

B：这得感谢你的帮助。

A：不用客气。

（4）A：我有两本《汉日词典》，送你一本吧。

B：我怎么谢你呀？

A：好办，请客。（用于熟人）

11. 确认人或物　Identifying people or things

（1）A：他是老师吗？

B：是，他是老师。

（2）A：他是老师吗？

B：不是，他是学生。

（3）A：你认识他吗？

B：认识，他叫王欢，是方老师的朋友。

（4）A：那是书店吗？

B：不是，那是商店。

（5）A：这是什么？

B：这是空调。

（6）A：那是什么？

B：那是暖气。

（7）A：这是你的书吗？

B：这是我的书。

（8）A：这是你的书吗？

B：这不是我的书，这是山本的书。

12. 告别　Saying good-bye

（1）A：再见！

B：再见！

（2）A：明天见！

B：明天见！

（3）A：后天下午见！

B：后天下午见！

## 四 家庭作业 Homework

### （一）阅读 Reading

**学习汉语的目的**

我们班的同学都很喜欢汉语，可是，学习汉语的目的很不一样。

日本留学生大内上子和山本正想去公司做翻译工作。韩国留学生金汉成想在中国经商。美国留学生艾米认为教师是最神圣的职业，她想当汉语教师。艾米还喜欢中国历史和文化，她想进行这方面的研究。意大利留学生贝拉喜欢旅行，学习结束以后她要去中国的南方旅行。美国留学生彼得只是觉得汉语特别有意思，学完以后做什么，他也不知道。

1. 按照阅读课文的内容完成会话 Complete the conversation according to the reading

白　华：我有个__________想问问你们。

金汉成：______________________？

白　华：你们为什么学习汉语？

大　内：我想去公司当__________。

山　本：我也想__________。

金汉成：我学习汉语，以后__________。

艾　米：教师是__________，我想__________。我还喜欢________，想进行__________。

贝　拉：我喜欢__________，学习结束以后想去__________。

白　华：彼得，你呢？

彼　得：我觉得__________，以后做什么，__________。

2. 仿照课文写一写“学习汉语的目的” Use this text as an example and write a story of your own class in the topic of “学习汉语的目的”

## （二）词语　Words and phrases

1. 写出下列形容词的反义词　Give the antonyms of the following adjectives

　　［例］大：__小__

（1）男：______　　（2）多：______

（3）慢：______　　（4）热：______

（5）便宜：______　　（6）难：______

（7）对：______　　（8）远：______

2. 用下列生词至少组成两个短语　Make at least two phrases with each of the following words

（1）准备：______ ______　　（2）结束：______ ______

（3）当：______ ______　　（4）研究：______ ______

（5）历史：______ ______　　（6）文化：______ ______

（7）职业：______ ______　　（8）原因：______ ______

（9）翻译：______ ______　　（10）了解：______ ______

（11）旅行：______ ______　　（12）进步：______ ______

## （三）汉字　Chinese characters

1. 写出带“亻”的汉字　Write some characters with the radical of “亻”

| | | | | | | | | | | |
|---|---|---|---|---|---|---|---|---|---|---|
| 亻 | | | | | | | | | | |

2. 写出带“彳”的汉字　Write some characters with the radical of “彳”

| | | | | | | | | | | |
|---|---|---|---|---|---|---|---|---|---|---|
| 彳 | | | | | | | | | | |

3. 给下列汉字注音并组成词或短语　Write the Pinyin of the following characters and make words or phrases with them

（1）谁：______ ______　　准：______ ______

（2）题：______ ______　　趣：______ ______

（3）备：________ ________　　　留：________ ________

（4）聊：________ ________　　　迎：________ ________

## 五 语法 Grammar

### 句子成分 Sentence constituent

句子成分分为两种：一种叫直接成分，一种叫间接成分。句子的直接成分通常是主语和谓语，句子的间接成分通常是中心语或述语、宾语、补语、状语和定语。其中，述语是跟宾语、补语相对而言的成分，中心语是跟状语、定语相对而言的成分。例如：

There are two types of sentence constituent, one is called a direct constituent and the other is called an indirect constituent. The direct constituent includes a subject and a predicate. The indirect constituent includes the headword or the predicative, object, complement, adverbial and attributive. Among them, the predicative relates to the object or complement and the headword relates to the adverbial or attributive. For example:

（1）你 来。

你 — 主语 (zhǔyǔ)
来 — 谓语 (wèiyǔ)

（2）他 去 商 店。

他 — 主语
去商店 — 谓语
去 — 述语 (shùyǔ)
商店 — 宾语 (bīnyǔ)

（3）她 是 美 国 人。

她 — 主语
是美国人 — 谓语
是 — 述语
美国人 — 宾语
美国 — 定语 (dìngyǔ)
人 — 中心语 (zhōngxīnyǔ)

（4） 我 常 去 公 园 。

主语 谓语

状语 中心语

(zhuàngyǔ)

述语 宾语

（5） 我 记 不 住 生 词 。

主语 谓语

述语 宾语

中心语 补语

(bǔyǔ)

## 六 注释 Notes

### （一）“对了” The verb “对了”

“对了”可表示忽然想起另一件事，用于转换话题。

“对了” indicates that somebody suddenly remembers another thing. It is used to change the topic.

### （二）“教师”和“老师” “教师” and “老师”

“教师”“老师”都指从事教学工作的人员。“教师”用于书面语，带有庄重的感情色彩；“老师”用于口语，带有亲切的感情色彩。此外，“老师”还可用于称呼。

Both “教师” and “老师” mean teacher. “教师” is more serious, and used in written language; “老师” is more cordial, and used in spoken language as well as in the form of address.

## 七 汉字表 Table of Chinese characters' order of strokes

| 汉字<br>Hànzì | 结构与笔顺<br>jiégòu yǔ bǐshùn | | | | | | | | | | | |
|---|---|---|---|---|---|---|---|---|---|---|---|---|
| 结 | 纟 + 吉 | | | | | | | | | | | |
| | ㄥ | 纟 | 纟 | 纟一 | 纟十 | 纟土 | 纟士 | 结 | 结 | | | |
| 束 | 一 | 丆 | 𠮛 | 𠮛 | 申 | 束 | 束 | | | | | |
| 进 | 井 + 辶 | | | | | | | | | | | |
| | 一 | 二 | 𠀎 | 井 | 丶井 | 讲 | 进 | | | | | |
| 步 | 止 + 少 | | | | | | | | | | | |
| | 丨 | ⺊ | ⺊丨 | 止 | 止丨 | 止丨丿 | 步 | | | | | |
| 感 | 咸 + 心 | | | | | | | | | | | |
| | 一 | 厂 | 厂 | 厂 | 后 | 后 | 咸 | 咸 | 咸 | 咸 | 感 | 感 |
| | 感 | | | | | | | | | | | |
| 题 | 是 + 页 | | | | | | | | | | | |
| | 丨 | 冂 | 日 | 日 | 旦 | 早 | 早 | 是 | 是 | 是 | 是 | 是 |
| | 题 | 题 | 题 | | | | | | | | | |
| 当 | ⺌ + 彐 | | | | | | | | | | | |
| | 丨 | 刂 | ⺌ | 当 | 当 | 当 | | | | | | |
| 翻 | 番 + 羽 | | | | | | | | | | | |
| | 丿 | ⺈ | ⺈ | 立 | 平 | 采 | 采 | 釆 | 番 | 番 | 番 | 番 |
| | 翻 | 翻 | 翻 | 翻 | 翻 | 翻 | | | | | | |
| 译 | 讠 + 圣 | | | | | | | | | | | |
| | 丶 | 讠 | 讠フ | 讠又 | 讠圣 | 译 | 译 | | | | | |

| 汉字 Hànzì | 结构与笔顺 jiégòu yǔ bǐshùn |
|---|---|
| 准 | 冫 + 隹 |
| 备 | 夂 + 田 |
| 趣 | 走 + 取 |
| 能 | 育 + 匕 |
| 原 | 厂 + 泉 |
| 因 | 囗 + 大 |
| 神 | 礻 + 申 |
| 圣 | 又 + 土 |
| 聊 | 耳 + 卯 |
| 旅 | 方 + 𠂉 |
| 南 | 十 + 冂 |

续表

| 汉字 Hànzì | 结构与笔顺 jiégòu yǔ bǐshùn | | | | | | | | | | | |
|---|---|---|---|---|---|---|---|---|---|---|---|---|
| 历 | 厂 + 力 | | | | | | | | | | | |
| | 一 | 厂 | 厉 | 历 | | | | | | | | |
| 史 | 丶 | 𠃍 | 口 | 史 | 史 | | | | | | | |
| 特 | 牛 + 寺 | | | | | | | | | | | |
| | 丿 | 𠂉 | 牛 | 牛 | 牜 | 牜 | 牡 | 牡 | 特 | 特 | | |
| 解 | 角 + 㔾 | | | | | | | | | | | |
| | 丿 | 𠂊 | 𠂊 | 角 | 角 | 角 | 角 | 角 | 角 | 角 | 解 | 解 |
| | 解 | | | | | | | | | | | |
| 面 | 一 | 丆 | 丆 | 丙 | 而 | 而 | 而 | 面 | 面 | | | |
| 目 | 丨 | 冂 | 月 | 月 | 目 | | | | | | | |
| 留 | 卯 + 田 | | | | | | | | | | | |
| | 丿 | 𠂊 | 𠂊 | 卯 | 卯 | 卯 | 留 | 留 | 留 | 留 | | |
| 化 | 亻 + 匕 | | | | | | | | | | | |
| | 丿 | 亻 | 亻 | 化 | | | | | | | | |
| 慢 | 忄 + 曼 | | | | | | | | | | | |
| | 丶 | 丶 | 忄 | 忄 | 忄 | 忄 | 忄 | 忄 | 悍 | 悍 | 悍 | 悍 |
| | 慢 | 慢 | | | | | | | | | | |
| 彼 | 彳 + 皮 | | | | | | | | | | | |
| | 丿 | 彡 | 彳 | 彳 | 彳 | 彳 | 彼 | 彼 | | | | |
| 韩 | 卓 + 韦 | | | | | | | | | | | |
| | 一 | 十 | 十 | 古 | 古 | 吉 | 直 | 卓 | 卓 | 卓 | 卓 | 韩 |

# Dì-liù kè 第六课 房间打扫得真干净

## 一 课文 Text

（今天是大内的生日。下午，金汉成、山本、贝拉等一起来找大内。 Today is Ôuchi's birthday. Kim Hansung, Yamamoto, Berra and other students came to see Ôuchi in the afternoon.）

（一）

贝　拉：大内，生日晚会准备得怎么样啦？

Dànèi, shēngrì wǎnhuì zhǔnbèi de zěnmeyàng la?

大　内：正在准备呢。你们快请进！

Zhèngzài zhǔnbèi ne. Nǐmen kuài qǐng jìn!

山　本：啊，房间打扫得真干净！

Ā, fángjiān dǎsǎo de zhēn gānjìng!

金汉成：东西也收拾得很整齐。

Dōngxi yě shōushi de hěn zhěngqí.

贝　拉：还有什么事儿吗？

Hái yǒu shénme shìr ma?

大　内：水果还没洗。

Shuǐguǒ hái méi xǐ.

贝　拉：我去洗。

Wǒ qù xǐ.

大　内：哎呀，生日蛋糕和蜡烛还没买。

Āiyā, shēngrì dàngāo hé làzhú hái méi mǎi.

金汉成：别着急，我现在就去商店买。

Bié zháojí, wǒ xiànzài jiù qù shāngdiàn mǎi.

大　内：糟糕！

Zāogāo!

山　本：又怎么啦？

Yòu zěnme la?

大　内：今天的作业还没做完呢。

Jīntiān de zuòyè hái méi zuòwán ne.

山　本：没关系，晚会以后再做。

Méi guānxi, wǎnhuì yǐhòu zài zuò.

## （二）

贝　拉：这是什么？

Zhè shì shénme?

大　内：这是妈妈昨天寄来的生日礼物。

Zhè shì māma zuótiān jìlái de shēngrì lǐwù.

山　本：可以给我们看看吗？

Kěyǐ gěi wǒmen kànkan ma?

大　内：可以。

Kěyǐ.

贝　拉：一只小兔子！

Yì zhī xiǎo tùzi!

金汉成：大内，你妈妈为什么送你这种小东西？

Dànèi, nǐ māma wèi shénme sòng nǐ zhè zhǒng xiǎo dōngxi?

大　内：我妈妈说，我是兔年出生的，属兔。

Wǒ māma shuō, wǒ shì tùnián chūshēng de, shǔ tù.

金汉成：怪不得你跑得那么快呢。

Guàibude nǐ pǎo de nàme kuài ne.

大　内：金汉成，你是属什么的？

Jīn Hànchéng, nǐ shì shǔ shénme de?

金汉成：属猴。

Shǔ hóu.

大　内：怪不得你那么聪明呢。

Guàibude nǐ nàme cōngming ne.

## 二 生词 New words

| | | | |
|---|---|---|---|
| 1. 打扫 | （动） | dǎsǎo | to clean, to sweep |
| 2. 得 | （助） | de | (a structural particle) |
| 3. 干净 | （形） | gānjìng | clean |
| 4. 生日 | （名） | shēngrì | birthday |
| 5. 晚会 | （名） | wǎnhuì | party |
| 6. 啦 | （助） | la | (a modal particle) |
| 7. 正在 | （副） | zhèngzài | in process of |
| 8. 进 | （动） | jìn | to enter, to come or go into |
| 9. 啊 | （叹） | ā | (an interjection) |
| 10. 东西 | （名） | dōngxi | thing |
| 11. 收拾 | （动） | shōushi | to put in order, to get things ready, to pack |
| 12. 整齐 | （形） | zhěngqí | tidy, neat, in good order |
| 13. 水果 | （名） | shuǐguǒ | fruit |
| 14. 洗 | （动） | xǐ | to wash |
| 15. 哎呀 | （叹） | āiyā | (an interjection) |
| 16. 蛋糕 | （名） | dàngāo | cake |
| 17. 蜡烛 | （名） | làzhú | candle |
| 18. 糟糕 | （形） | zāogāo | terrible, bad luck |
| 19. 没关系 | | méi guānxi | it doesn't matter, never mind |
| 关系 | （名） | guānxi | relation, connection |
| 20. 寄 | （动） | jì | to post, to send |
| 21. 礼物 | （名） | lǐwù | gift, present |
| 22. 兔子 | （名） | tùzi | hare, rabbit |

| | | | |
|---|---|---|---|
| 兔 | （名） | tù | hare, rabbit |
| 23. 年 | （名） | nián | year |
| 24. 出生 | （动） | chūshēng | to be born |
| 25. 属 | （动） | shǔ | to be born in the year of |
| 26. 怪不得 | （副） | guàibude | no wonder, so that's why |
| 怪 | （形） | guài | strange |
| 27. 跑 | （动） | pǎo | to run |
| 28. 猴 | （名） | hóu | monkey |

**补充词汇　Supplementary words**

| | | | |
|---|---|---|---|
| 1. 已经 | （副） | yǐjīng | already |
| 已 | （副） | yǐ | already |
| 2. 音乐 | （名） | yīnyuè | music |
| 3. 文章 | （名） | wénzhāng | article, essay |
| 4. 篇 | （量） | piān | a measure word for written items such as articles, etc. |
| 5. 通知 | （名、动） | tōngzhī | notice; to inform, to notify |
| 6. 幅 | （量） | fú | a measure word for cloth, picture, etc. |
| 7. 画儿 | （名） | huàr | drawing, picture, painting |
| 8. 动作 | （名） | dòngzuò | action, movement |
| 9. 流利 | （形） | liúlì | fluent |
| 10. 清楚 | （形） | qīngchu | clear, distinct |
| 11. 非常 | （副） | fēicháng | very, extremely |
| 12. 可爱 | （形） | kě'ài | lovely |

## 三 课堂练习 Exercises

### （一）语音　Pronunciation

1. 朗读定调音节　Read aloud the syllables and pay attention to the tones

| | | | | |
|---|---|---|---|---|
| 都听 | 还听 | 也听 | 再听 | 听的 |
| 都读 | 还读 | 也读 | 再读 | 读的 |

| | | | | |
|---|---|---|---|---|
| 都写 | 还写 | 也写 | 再写 | 写的 |
| 都看 | 还看 | 也看 | 再看 | 看的 |

2. 辨音辨调　Distinguish the sounds and tones

| | | | | | |
|---|---|---|---|---|---|
| dǎsǎo | 打扫 | gānjìng | 干净 | zhěngqí | 整齐 |
| dàsǎo | 大嫂 | gǎnjǐn | 赶紧 | zhēngqì | 争气 |
| shōushi | 收拾 | chūshēng | 出生 | lǐwù | 礼物 |
| shǒushi | 首饰 | chūshēn | 出身 | lǐwū | 里屋 |
| yì jīn | 一斤 | zhòng cài | 种菜 | yīnyuè | 音乐 |
| yǐjīng | 已经 | zhèngzài | 正在 | yīyuè | 一月 |

3. 双音节声调　Tones of disyllables

| | | | | |
|---|---|---|---|---|
| | kěyǐ | 可以 | Fǎyǔ | 法语 |
| | fǔdǎo | 辅导 | xǐzǎo | 洗澡 |
| yě xiě: | biǎoyǎn | 表演 | zhǎnlǎn | 展览 |
| | shǒubiǎo | 手表 | yǒuhǎo | 友好 |
| | zhǐhǎo | 只好 | shuǐguǒ | 水果 |
| | biǎoxiàn | 表现 | mǐfàn | 米饭 |
| | gǎnxiè | 感谢 | gǎnmào | 感冒 |
| yě kàn: | qǐngwèn | 请问 | qǐngjià | 请假 |
| | zhǔnbèi | 准备 | wǎnhuì | 晚会 |
| | kěshì | 可是 | yǐhòu | 以后 |

4. 重音　Stress

（1）这种东西很难买。　　这种词典容易买。

今天的作业容易做。　　那个房间很难打扫。

（2）房间收拾得很整齐。　　教室打扫得很干净。
他的作业做得很快。　　他的汉字写得很好。

## （二）词语　Words and phrases

朗读短语　Read aloud the phrases

| | |
|---|---|
| （1）干净的教室 | 教室很干净 |
| 干净的宿舍 | 宿舍很干净 |
| 干净的房间 | 房间很干净 |
| 干净的桌子 | 桌子很干净 |
| 干净的公园 | 公园很干净 |
| （2）做完作业 | 预习完生词 |
| 念完课文 | 复习完语法 |
| 听完录音 | 练习完发音 |
| 写完信 | 打扫完房间 |
| 洗完水果 | 收拾完东西 |
| （3）跑得很快 | 打扫得很干净 |
| 写得很慢 | 收拾得很整齐 |
| 吃得很多 | 复习得很快 |
| 念得很好 | 预习得很好 |
| 做得很少 | 练习得很多 |
| 洗得很干净 | 进行得很慢 |

## （三）句型　Sentence patterns

替换　Substitution

（1）A：作业 做完了吗？

B：已经做完了。

| | |
|---|---|
| 练习 | 做 |
| 课文 | 复习 |

| | |
|---|---|
| 生词 | 预习 |
| 汉字 | 写 |
| 录音 | 听 |
| 文章 | 翻译 |
| 水果 | 洗 |
| 东西 | 买 |

(2) A：作业什么时候做？

B：作业晚上做。

| | |
|---|---|
| 练习 | 做 |
| 课文 | 复习 |
| 生词 | 预习 |
| 汉字 | 写 |
| 录音 | 听 |
| 晚会 | 准备 |
| 房间 | 打扫 |
| 东西 | 收拾 |

(3) A：作业 做得怎么样？

B：作业 做得很好。

| | | |
|---|---|---|
| 练习 | 做 | 好 |
| 课文 | 复习 | 好 |
| 生词 | 预习 | 好 |
| 房间 | 打扫 | 干净 |
| 东西 | 收拾 | 整齐 |
| 文章 | 翻译 | 好 |

(4) 这个生词的意思很难懂。

| | | | |
|---|---|---|---|
| 这个句子 | 这封信 | 这篇课文 | 这篇文章 |
| 这个通知 | 这幅画儿 | 这个动作 | 这个音乐 |

（5）A：他说得流利不流利？

B：他说得很流利。

| | |
|---|---|
| 念 | 快 |
| 写 | 好看 |
| 玩儿 | 高兴 |
| 打扫 | 干净 |
| 收拾 | 整齐 |
| 介绍 | 清楚 |

（6）A：他说得怎么样？

B：他说得不好。

| | |
|---|---|
| 念 | 清楚 |
| 写 | 好看 |
| 跑 | 慢 |
| 做 | 好 |
| 洗 | 干净 |
| 读 | 快 |
| 回答 | 对 |
| 收拾 | 整齐 |

（四）按照下列情景，用本课句型说话　Have a conversation on the following topics with the patterns in the text

（1）你的同学来看你，你给他介绍爸爸、妈妈寄来的生日礼物。

（2）你的同学来看你，你给他介绍生日晚会的准备情况。

## 四 家庭作业 Homework

### （一）阅读 Reading

**写给爸爸妈妈的一封信**

爸爸、妈妈：

你们好！

今天是我的生日。我很想念你们，也很想念弟弟。

今天，我的房间打扫得很干净，房间里的东西也收拾得很整齐。晚上七点，几位朋友要来我的房间，和我一起过（guò，to spend time）生日。

你们给我买的生日礼物真好！我非常喜欢，这只小兔子太可爱了！

爸爸工作一定很忙吧？要多休息。妈妈身体怎么样？

最近我的学习很紧张。我们每天学习一课，每课都有很多生词。下课以后，我们还要写作业，听录音。可是，我不觉得很累，身体也很好。

你们的女儿上子

2021年5月6日

1. 读后回答 Answer the following questions after reading

（1）今天上子的房间打扫得怎么样？为什么？

（2）她觉得爸爸妈妈给她买的生日礼物怎么样？

（3）她关心（guānxīn，to care for）爸爸妈妈吗？

（4）她最近学习紧张吗？

2. 朗读课文 Read aloud the text

### （二）词语和句子 Words and sentences

1. 用下列生词至少组成两个短语 Make at least two phrases with each of the following words

（1）生日：________ ________　　（2）东西：________ ________

（3）水果：________ ________　　（4）关系：________ ________

(5) 打扫：________ ________　　(6) 收拾：________ ________

(7) 洗：________ ________　　(8) 寄：________ ________

(9) 通知：________ ________　　(10) 文章：________ ________

(11) 可爱：________ ________　　(12) 音乐：________ ________

2. 用“怪不得”完成对话　Complete the following dialogues with “怪不得”

［例］A：今天是大内的生日。

→ B：怪不得她妈妈给她寄来生日礼物。（寄）

(1) A：马文生的爸爸是美国人。

B：________________________。（说）

(2) A：李小华的妈妈是日本人。

B：________________________。（说）

(3) A：艾米的爸爸常来北京。

B：________________________。（了解）

(4) A：赵元的哥哥常去意大利。

B：________________________。（了解）

(5) A：贝拉上午和下午都有汉语课，还常和中国朋友一起练习口语。

B：________________________。（进步）

(6) A：金汉成喜欢长跑。

B：________________________。（身体）

3. 把下列词语连成句子　Connect the following words into sentences

(1) 准备　了　好　晚会　吗

(2) 信　没　写　完　还　呢

(3) 洗　干净　得　衣服　很

(4) 宿舍　干净　不　太　得　打扫

(5) 进步　他　得　快　很

(6) 意思　是　什么　动作　这个

(7) 通知　辅导　有　老师　我们　下午

(8) 意思　文章　这　篇　懂　很　容易　的

(9) 懂　难　不　意思　这个　音乐　的

### （三）汉字　Chinese characters

1. 写出带"扌"的汉字　Write some characters with the radical of "扌"

| 扌 | | | | | | | | | | |
|---|---|---|---|---|---|---|---|---|---|---|

2. 写出带"冫"的汉字　Write some characters with the radical of "冫"

| 冫 | | | | | | | | | | |
|---|---|---|---|---|---|---|---|---|---|---|

3. 给下列汉字注音并组成词或短语　Write the Pinyin of the following characters and make words or phrases with them

(1) 候：________ ________　　　猴：________ ________

(2) 蜡：________ ________　　　错：________ ________

(3) 清：________ ________　　　请：________ ________

(4) 干：________ ________　　　于：________ ________

## 五 语法　Grammar

### （一）意义上的被动句　Notional passive sentence

无形式标记的被动句称为意义上的被动句。这种句子的语序如下：

A passive sentence with no formal marker is known as a notional passive sentence. The structural order of such sentences is as follows:

| 主语 zhǔyǔ | 谓语 wèiyǔ | | |
|---|---|---|---|
| 受事<br>shòushì | 状语<br>zhuàngyǔ | 中心语/述语<br>zhōngxīnyǔ/shùyǔ | 补语<br>bǔyǔ |
| 生词 | 很难 | 记。 | |
| 东西 | 也 | 收拾得 | 很整齐。 |

**注意：**（1）受事须是话题；（2）受事一般是确指的；（3）受事为人时，施受关系容易混淆，一般不宜采用意义上的被动句。

**Points for attention:** (1) The patient subject should be the topic. (2) The patient subject usually is specified. (3) When the patient subject is a person, the relation between the patient and the agent is likely to be confused, so in such cases, the notional passive sentence is usually not used.

### （二）状态补语 State complement

通过结构助词"得"跟动词发生联系，用来评议动作结果的状态的补充性成分叫状态补语。状态补语可由形容词或形容词短语充当。例如：

The complementary element to connect the verb with the structural particle "得" in order to judge the state of the result of an action is known as the state complement. Adjectives or adjectival phrases can act as the state complement. For example:

| 述语<br>shùyǔ | | 状态补语<br>zhuàngtài bǔyǔ |
|---|---|---|
| 说 | 得 | 比较好 |
| 打扫 | 得 | 很干净 |

### （三）结构助词"得" The structural particle "得"

结构助词"得"用于连接述语和补语。例如：

The structural particle "得" is used to link the predicative with the complement. For example:

（1）他说得很慢。

（2）我写得不太好。

## 六 注释 Notes

"没关系"　The phrase "没关系"

"没关系"也可说成"没有关系"，意思是"没有大妨碍或不良影响"，用于劝慰他人。

"没关系" can be replaced by "没有关系", which means "not be much effected or harmful". The phrase is used to comfort others.

## 七 汉字表 Table of Chinese characters' order of strokes

| 汉字<br>Hànzì | 结构与笔顺<br>jiégòu yǔ bǐshùn | | | | | | | | | | | |
|---|---|---|---|---|---|---|---|---|---|---|---|---|
| 打 | 扌 + 丁 | | | | | | | | | | | |
| | 一 | 十 | 扌 | 扌一 | 打 | | | | | | | |
| 扫 | 扌 + ヨ | | | | | | | | | | | |
| | 一 | 十 | 扌 | 扌乛 | 扌ヨ | 扫 | | | | | | |
| 干 | 一 | 二 | 干 | | | | | | | | | |
| 净 | 氵 + 争 | | | | | | | | | | | |
| | 丶 | 冫 | 冫丿 | 冫⺈ | 冫⺈ | 冫刍 | 冫刍 | 净 | | | | |
| 会 | 人 + 云 | | | | | | | | | | | |
| | 丿 | 人 | 亼 | 今 | 会 | 会 | | | | | | |
| 啦 | 口 + 拉 | | | | | | | | | | | |
| | 丨 | 冂 | 口 | 口一 | 叶 | 吋 | 吋丶 | 吋亠 | 吋立 | 啦 | 啦 | |
| 啊 | 口 + 阿 | | | | | | | | | | | |
| | 丨 | 冂 | 口 | 口阝 | 叩 | 叩一 | 叩一 | 叩口 | 啊 | 啊 | | |

| 汉字 Hànzì | 结构与笔顺 jiégòu yǔ bǐshùn | | | | | | | | | | | |
|---|---|---|---|---|---|---|---|---|---|---|---|---|
| 收 | 丩 + 攵 | | | | | | | | | | | |
| | ㇙ | 丩 | 丩丿 | 丩𠂉 | 丩𠂊 | 收 | | | | | | |
| 拾 | 扌 + 合 | | | | | | | | | | | |
| | 一 | 十 | 扌 | 扌丿 | 扌人 | 扌亼 | 扌亼丨 | 扌亼𠃍 | 拾 | | | |
| 整 | 敕 + 正 | | | | | | | | | | | |
| | 一 | 丆 | 冖 | 𠮛 | 申 | 申丿 | 束 | 束丿 | 束𠂉 | 束𠂊 | 敕 | 敕一 |
| | 敕一丨 | 敕一卜 | 敕一止 | 整 | | | | | | | | |
| 齐 | 文 + 川 | | | | | | | | | | | |
| | 丶 | 亠 | 亠丿 | 文 | 文丿 | 齐 | | | | | | |
| 水 | 亅 | 𠃌亅 | 水丿 | 水 | | | | | | | | |
| 洗 | 氵 + 先 | | | | | | | | | | | |
| | 丶 | 冫 | 氵 | 氵丿 | 氵𠂉 | 氵⺧ | 氵生 | 氵先丿 | 洗 | | | |
| 哎 | 口 + 艾 | | | | | | | | | | | |
| | 丨 | 𠃌 | 口 | 口一 | 口十 | 口艹 | 口艹丿 | 哎 | | | | |
| 蛋 | 疋 + 虫 | | | | | | | | | | | |
| | 乛 | 丅 | 下 | 尸 | 疋 | 疋丶 | 疋丨 | 疋口 | 疋中 | 疋虫 | 蛋 | |
| 蜡 | 虫 + 昔 | | | | | | | | | | | |
| | 丨 | 冂 | 口 | 中 | 虫 | 虫 | 虫一 | 虫十 | 虫廾 | 虫龷 | 虫龷丨 | 蜡 |
| | 蜡 | 蜡 | | | | | | | | | | |
| 烛 | 火 + 虫 | | | | | | | | | | | |
| | 丶 | 丷 | 火丿 | 火 | 火丨 | 火冂 | 火口 | 火中 | 火虫 | 烛 | | |

| 汉字 Hànzì | 结构与笔顺 jiégòu yǔ bǐshùn | | | | | | | | | | | |
|---|---|---|---|---|---|---|---|---|---|---|---|---|
| 糟 | 米 + 曹 | | | | | | | | | | | |
| | 丶 | 丷 | 䒑 | 半 | 米 | 米 | 米一 | 米一 | 米丆 | 米丙 | 粬 | 粬 |
| | 粬 | 糟 | 糟 | 糟 | 糟 | | | | | | | |
| 糕 | 米 + 羔 | | | | | | | | | | | |
| | 丶 | 丷 | 䒑 | 半 | 米 | 米 | 米丶 | 米丷 | 米䒑 | 米兰 | 米羊 | 粓 |
| | 粓 | 糕 | 糕 | 糕 | | | | | | | | |
| 关 | 丷 + 天 | | | | | | | | | | | |
| | 丶 | 丷 | 䒑 | 兰 | 𦍌 | 关 | | | | | | |
| 寄 | 宀 + 奇 | | | | | | | | | | | |
| | 丶 | 丶丶 | 宀 | 宀一 | 宊 | 实 | 宎 | 宎 | 寄 | 寄 | 寄 | |
| 礼 | 礻 + 乚 | | | | | | | | | | | |
| | 丶 | ㇇ | 礻 | 礻 | 礼 | | | | | | | |
| 物 | 牛 + 勿 | | | | | | | | | | | |
| | 丿 | 𠂉 | 午 | 牛 | 牜 | 牞 | 物 | 物 | | | | |
| 兔 | ⺈ + 兎 | | | | | | | | | | | |
| | 丿 | ⺈ | ⺈ | 㔾 | 色 | 免 | 免 | 兔 | | | | |
| 属 | 尸 + 禹 | | | | | | | | | | | |
| | 乛 | コ | 尸 | 尸 | 尸 | 屌 | 屌 | 屌 | 属 | 属 | 属 | 属 |
| 怪 | 忄 + 圣 | | | | | | | | | | | |
| | 丶 | 丶丶 | 忄 | 忆 | 怄 | 怪 | 怪 | 怪 | | | | |

| 汉字 Hànzì | 结构与笔顺 jiégòu yǔ bǐshùn | | | | | | | | | | | |
|---|---|---|---|---|---|---|---|---|---|---|---|---|
| 跑 | ⻊ + 包 | | | | | | | | | | | |
| | 丨 | 𠃍 | 口 | 𠮛 | 𠮛 | 𠯑 | ⻊ | ⻊丿 | 趵 | 跑 | 跑 | 跑 |
| 猴 | 犭 + 侯 | | | | | | | | | | | |
| | 丿 | 犭 | 犭 | 犭丿 | 犭亻 | 犭亻 | 犭亻 | 犭亻 | 犭亻 | 犭侯 | 犭侯 | 猴 |
| 已 | 𠃌 | コ | 已 | | | | | | | | | |
| 章 | 音 + 十 | | | | | | | | | | | |
| | 丶 | 亠 | 亠 | 亠 | 立 | 立 | 音 | 音 | 音 | 章 | 章 | |
| 篇 | ⺮ + 扁 | | | | | | | | | | | |
| | 丿 | 𠂉 | 𠂉 | 𠂉丿 | ⺮ | ⺮ | ⺮ | 笋 | 笋 | 笋 | 笋 | 篇 |
| | 篇 | 篇 | 篇 | | | | | | | | | |
| 通 | 甬 + 辶 | | | | | | | | | | | |
| | 𠃌 | 𠃌 | 𠃌 | 甬 | 甬 | 甬 | 甬 | 诵 | 诵 | 通 | | |
| 幅 | 巾 + 畐 | | | | | | | | | | | |
| | 丨 | 冂 | 巾 | 巾一 | 巾一 | 巾口 | 巾口 | 巾口 | 幅 | 幅 | 幅 | 幅 |
| 画 | 亩 + 凵 | | | | | | | | | | | |
| | 一 | 丅 | 丙 | 丙 | 亩 | 亩 | 画 | 画 | | | | |
| 动 | 云 + 力 | | | | | | | | | | | |
| | 一 | 二 | 云 | 云 | 动 | 动 | | | | | | |
| 流 | 氵 + 㐬 | | | | | | | | | | | |
| | 丶 | 冫 | 氵 | 氵丶 | 氵亠 | 氵亠 | 氵亠 | 氵亠 | 流 | 流 | | |

| 汉字 Hànzì | 结构与笔顺 jiégòu yǔ bǐshùn | | | | | | | | | | | |
|---|---|---|---|---|---|---|---|---|---|---|---|---|
| 清 | 氵 + 青 | | | | | | | | | | | |
| | 丶 | 冫 | 氵 | 氵一 | 氵二 | 氵丰 | 氵龶 | 氵龶丨 | 清 | 清 | 清 | |
| 楚 | 林 + 疋 | | | | | | | | | | | |
| | 一 | 十 | 才 | 木 | 木一 | 朾 | 材 | 林 | 林 | 林 | 林 | 楚 |
| | 楚 | | | | | | | | | | | |
| 非 | 非 (左) + 非 (右) | | | | | | | | | | | |
| | 丨 | 𠃌 | 彐 | 彐 | 非 | 非 | 非 | 非 | | | | |
| 爱 | 爫 + 冖 + 友 | | | | | | | | | | | |
| | 丿 | 𠂊 | 爫 | 爫 | 爫 | 爫 | 爫 | 爫 | 爫 | 爱 | | |

# 八 附录 Appendix

## 属相表 Chinese zodiac

中国的农历是以十个天干（甲、乙、丙、丁、戊、己、庚、辛、壬、癸）和十二个地支相配来纪年的。用十二种动物代表十二地支，记录人的出生年份。例如：

The Chinese lunar calendar uses the ten Heavenly Stems (甲, 乙, 丙, 丁, 戊, 己, 庚, 辛, 壬 and 癸) to match the twelve Earthly Branches in numbering years. Twelve animals represent the twelve Earthly Branches. Each animal is used to symbolize the year in which a person is born. For example:

| 地支<br>dìzhī | 动物<br>dòngwù |
| --- | --- |
| 子<br>zǐ | 鼠<br>shǔ<br> |
| 丑<br>chǒu | 牛<br>niú<br> |
| 寅<br>yín | 虎<br>hǔ<br> |
| 卯<br>mǎo | 兔<br>tù<br> |
| 辰<br>chén | 龙<br>lóng<br> |
| 巳<br>sì | 蛇<br>shé<br> |

| 地支<br>dìzhī | 动物<br>dòngwù |
| --- | --- |
| 午<br>wǔ | 马<br>mǎ<br> |
| 未<br>wèi | 羊<br>yáng<br> |
| 申<br>shēn | 猴<br>hóu<br> |
| 酉<br>yǒu | 鸡<br>jī<br> |
| 戌<br>xū | 狗<br>gǒu<br> |
| 亥<br>hài | 猪<br>zhū<br> |

# Dì-qī kè 第七课 祝你生日快乐

## 一 课文 Text

（当天晚上七点，山本等人来到大内的房间 At seven o'clock in the evening of the same day, Yamamoto came to Ôuchi's room with other students）

（一）

山　本：上子，生日快乐！

Shàngzǐ, shēngrì kuàilè!

贝　拉：祝你永远快乐，永远幸福。

Zhù nǐ yǒngyuǎn kuàilè, yǒngyuǎn xìngfú.

大　内：谢谢你们，快请坐。

Xièxie nǐmen, kuài qǐng zuò.

艾　米：祝你健康长寿！

Zhù nǐ jiànkāng chángshòu!

金汉成：这句话是对老人说的。

Zhè jù huà shì duì lǎorén shuō de.

艾　米：对不起，我说错了。

Duìbuqǐ, wǒ shuōcuò le.

大　内：没关系。

Méi guānxi.

（二）

山　本：这是我们几个送你的花儿。

Zhè shì wǒmen jǐ gè sòng nǐ de huār.

大　内：这花儿真漂亮！我很喜欢。谢谢，谢谢你们。

Zhè huār zhēn piàoliang! Wǒ hěn xǐhuan. Xièxie, xièxie nǐmen.

贝　拉：你数一下，一共几枝？

Nǐ shǔ yíxià, yígòng jǐ zhī?

大　内：一共六枝。

Yígòng liù zhī.

金汉成：汉语里的“六”是个吉利的数字。

Hànyǔ li de “liù” shì gè jílì de shùzì.

山　本：祝你事事顺利！

Zhù nǐ shìshì shùnlì!

大　内：太感谢你们了。

Tài gǎnxiè nǐmen le.

## （三）

贝　拉：听，有人敲门。

Tīng, yǒu rén qiāo mén.

大　内：请进。啊，是你！欢迎，欢迎。我给你们介绍一下，这位是方云天同学。他是方老师的儿子，也是我的辅导老师。

Qǐng jìn. Ā, shì nǐ! Huānyíng, huānyíng. Wǒ gěi nǐmen jièshào yíxià, zhè wèi shì Fāng Yúntiān tóngxué. Tā shì Fāng lǎoshī de érzi, yě shì wǒ de fǔdǎo lǎoshī.

山　本：还是我的朋友。

Hái shì wǒ de péngyou.

方云天：大内小姐，我代表我爸爸，祝你生日快乐！

Dànèi xiǎojiě, wǒ dàibiǎo wǒ bàba, zhù nǐ shēngrì kuàilè!

大　内：谢谢，非常感谢。

Xièxie, fēicháng gǎnxiè.

方云天：我爸爸身体不太好，没来。这是我送你的礼物。

Wǒ bàba shēntǐ bú tài hǎo, méi lái. Zhè shì wǒ sòng nǐ de lǐwù.

贝　拉：快看看，是什么礼物？

Kuài kànkan, shì shénme lǐwù?

方云天：两本词典。一本是汉日的，一本是日汉的。

Liǎng běn cídiǎn. Yì běn shì Hàn-Rì de, yì běn shì Rì-Hàn de.

大　内：太好了！谢谢你。

Tài hǎo le! Xièxie nǐ.

方云天：不用谢。

Búyòng xiè.

山　本：真遗憾。

Zhēn yíhàn.

艾　米：你遗憾什么？

Nǐ yíhàn shénme?

山　本：要是今天也是我的生日，该多好！

Yàoshi jīntiān yě shì wǒ de shēngrì, gāi duō hǎo!

艾　米：为什么？

Wèi shénme?

山　本：我正想买这两本词典呢。

Wǒ zhèng xiǎng mǎi zhè liǎng běn cídiǎn ne.

## 二 生词 New words

| | | | |
|---|---|---|---|
| 1. 祝 | （动） | zhù | to wish, to express good wishes |
| 2. 快乐 | （形） | kuàilè | happy, cheerful |
| 3. 永远 | （副） | yǒngyuǎn | always, forever |

| | | | |
|---|---|---|---|
| 4. 幸福 | （形） | xìngfú | happy |
| 5. 坐 | （动） | zuò | to sit |
| 6. 健康 | （形） | jiànkāng | healthy, sound |
| 7. 长寿 | （形） | chángshòu | long life, longevity |
| 长 | （形） | cháng | long, lasting |
| 寿 | | shòu | longevity, birthday |
| 8. 话 | （名） | huà | word, talk |
| 9. 老人 | （名） | lǎorén | old people |
| 老 | （形） | lǎo | old |
| 10. 漂亮 | （形） | piàoliang | beautiful, pretty |
| 11. 数 | （动） | shǔ | to count |
| 12. 枝 | （量） | zhī | a measure word for flowers with stems intact |
| 13. 吉利 | （形） | jílì | lucky, fortunate |
| 14. 数字 | （名） | shùzì | figure, numeral, digit |
| 数 | | shù | number, figure |
| 15. 顺利 | （形） | shùnlì | smooth, successful |
| 16. 敲 | （动） | qiāo | to knock, to bit, to strike |
| 17. 门 | （名） | mén | door, gate |
| 18. 代表 | （动、名） | dàibiǎo | to represent; representative |
| 19. 不用 | （副） | búyòng | no need |
| 20. 遗憾 | （形） | yíhàn | sorry, regretful |
| 21. 多 | （副） | duō | how |

## 补充词汇　Supplementary words

| | | | |
|---|---|---|---|
| 1. 新年 | （名） | xīnnián | new year |
| 新 | （形） | xīn | new, fresh |
| 2. 一切 | （代） | yíqiè | all, everything |
| 3. 让 | （动） | ràng | to let |
| 4. 喊 | （动） | hǎn | to shout, to yell |
| 5. 全 | （形） | quán | entire, whole |
| 6. 万 | （数） | wàn | ten thousand |
| 7. 万事如意 | | wànshì-rúyì | have all one's wishes, everything is as one wishes |
| 万事 | （名） | wànshì | all things, everything |

| | | | |
|---|---|---|---|
| 如意 | （动） | rúyì | as one wishes |
| 8. 心想事成 | | xīnxiǎng-shìchéng | all wishes come true |
| 心 | （名） | xīn | heart |
| 9. 唱歌 | （动） | chànggē | to sing a song |
| 10. 开 | （动） | kāi | to open, to drive |
| 11. 关 | （动） | guān | to close, to shut |
| 12. 过 | （动） | guò | to spend (time), to pass (time), to cross, to pass |

## 二 课堂练习 Exercises

### （一）语音 Pronunciation

1. 朗读定调音节 Read aloud the syllables and pay attention to the tones

| | | | | |
|---|---|---|---|---|
| 都听 | 还听 | 也听 | 再听 | 听的 |
| 都读 | 还读 | 也读 | 再读 | 读的 |
| 都写 | 还写 | 也写 | 再写 | 写的 |
| 都看 | 还看 | 也看 | 再看 | 看的 |

2. 辨音辨调 Distinguish the sounds and tones

| | | | | | |
|---|---|---|---|---|---|
| kuàilè | 快乐 | xìngfú | 幸福 | chángshòu | 长寿 |
| huānlè | 欢乐 | xīnkǔ | 辛苦 | chuánshòu | 传授 |
| shùnlì | 顺利 | dàibiǎo | 代表 | yíhàn | 遗憾 |
| jílì | 吉利 | wàibiǎo | 外表 | xīhan | 稀罕 |
| jīnnián | 今年 | yíqiè | 一切 | rúyī | 如一 |
| xīnnián | 新年 | yìxiē | 一些 | rúyì | 如意 |

### 3. 双音节声调 Tones of disyllables

| | | | | |
|---|---|---|---|---|
| zài tīng: | hùxiāng | 互相 | jiànkāng | 健康 |
| | rènzhēn | 认真 | lùyīn | 录音 |
| | xìnfēng | 信封 | diàndēng | 电灯 |
| | yìbān | 一般 | yìbiān | 一边 |
| | dàjiā | 大家 | miànbāo | 面包 |
| | bìxū | 必须 | bàntiān | 半天 |
| zài dú: | jìnxíng | 进行 | rèqíng | 热情 |
| | nèiróng | 内容 | yìtóng | 一同 |
| | yùxí | 预习 | fùxí | 复习 |
| | xìngfú | 幸福 | lìrú | 例如 |
| | fùzá | 复杂 | fùzé | 负责 |
| | tèbié | 特别 | yìzhí | 一直 |

### 4. 重音 Stress

(1) 祝你健康！ 祝你永远健康！
祝你快乐！ 祝你生日快乐！
祝你顺利！ 祝你事事顺利！
祝你幸福！ 祝你永远幸福！
祝你长寿！ 祝你健康长寿！

(2) 请你看。 请你回答。
请你来。 请你休息。
请你念课文。 请你念生词。
请你做练习。 请你坐这儿。

(3) 看一下儿 念一下儿 写一下儿 说一下儿
数一下儿 想一下儿 问一下儿 去一下儿

（4）认识一下儿　　介绍一下儿　　练习一下儿　　预习一下儿

复习一下儿　　准备一下儿　　打扫一下儿　　收拾一下儿

（5）打扫一下儿房间　　收拾一下儿桌子

预习一下儿生词　　复习一下儿课文

## （二）词语　Words and phrases

### 1. 朗读短语　Read aloud the phrases

（1）幸福的老人　　漂亮的小姐　　快乐的年轻人

漂亮的画儿　　健康的身体

（2）吉利话　　好心人

### 2. 把下列短语扩展成句子　Make sentences with the following phrases

（1）代表老师和同学

（2）让我们

（3）健康长寿

（4）我们班的代表

（5）喊我

（6）全班同学

（7）一万块钱

## （三）句型　Sentence patterns

### 替换　Substitution

（1）祝你生日快乐。

新年快乐　　天天快乐　　永远快乐　　永远幸福

全家幸福　　事事顺利　　一切顺利　　健康长寿

万事如意　　心想事成　　身体健康

（2）A：他请谁当翻译？

B：他请艾米 当翻译。

| | |
|---|---|
| 吃饭 | 白老师 |
| 看电影 | 丁兰 |
| 听音乐 | 于文 |
| 回答问题 | 贝拉 |
| 辅导语法 | 方云天 |
| 准备晚会 | 金汉成 |
| 打扫房间 | 服务员 |
| 介绍中国文化 | 马老师 |

（3）A：他让你做什么？

B：他让我念课文。

| | | | |
|---|---|---|---|
| 问问题 | 回答问题 | 造一个句子 | 给他写信 |
| 唱一个歌 | 打扫教室 | 去办公室 | 去他家吃饭 |

（4）听，有人敲门。

开门　关门　找你　喊你　叫你　唱歌

（5）请你 介绍一下儿学习方法。

| | | |
|---|---|---|
| 你 | 回答 | 这个问题 |
| 你 | 翻译 | 这个句子 |
| 你 | 打扫 | 教室 |
| 你 | 收拾 | 桌子 |
| 你们 | 预习 | 生词 |
| 你们 | 复习 | 语法 |
| 你们 | 了解 | 那个学校的情况 |
| 你们 | 介绍 | 家庭情况 |

（6）我问的是这个 问题。

| | |
|---|---|
| 想 | 事（件） |
| 要 | 衣服（件） |
| 说 | 句子（个） |
| 写 | 汉字（个） |

| | |
|---|---|
| 念 | 课文（篇） |
| 唱 | 歌（支） |
| 买 | 本子（种） |
| 介绍 | 人（个） |
| 研究 | 问题（个） |

（7）这本书是英文的。

| | | | | |
|---|---|---|---|---|
| 中文 | 日文 | 法文 | 德文 | 俄文 |
| 韩文 | 阿拉伯文 | 西班牙文 | 意大利文 | |

（四）按照下列情景，用本课句型说话 Have a conversation on the following topics with the patterns in the text

（1）今天是你同学的生日，你去向他祝贺（zhùhè，to congratulate）生日。

（2）今天是你的生日，你的同学和中国朋友来给你过生日，你给他们做介绍。

## 四 家庭作业 Homework

（一）阅读 Reading

### 大内的生日

今天是大内小姐的生日。

晚上七点，山本正、贝拉、艾米和金汉成一起来到大内的宿舍，跟她一起过生日。

山本正他们送给大内的生日礼物是六枝花儿。金汉成说，中国人认为“六”是个吉利的数字。他们送六枝漂亮的花儿，意思是祝大内小姐事事顺利。大内高兴得不知道说什么好。

方云天也来到大内的房间，他代表方龙老师祝大内生日快乐。方云天送的礼物是两本词典，山本正也需要这两本词典，可是今天不是他的生日，他觉得很遗憾。

1. 读后回答　Answer the following questions after reading

（1）山本正他们送给大内什么礼物？意思是什么？

（2）方云天送给大内什么礼物？

（3）山本正为什么觉得很遗憾？

2. 朗读课文　Read aloud the text

3. 仿照课文写一写“我的生日”Use this text as an example and write about a memorable birthday you have had, with the title “我的生日”

You should include:

你是属什么的？

你的生日是什么时候？

你跟谁一起过生日？

你的朋友送给你什么礼物？

你最喜欢哪个礼物，为什么？

…………

## （二）词语和句子　Words and sentences

1. 用下列生词至少组成两个短语　Make at least two phrases with each of the following words

（1）快乐：________ ________　　（2）幸福：________ ________

（3）健康：________ ________　　（4）长寿：________ ________

（5）漂亮：________ ________　　（6）吉利：________ ________

（7）顺利：________ ________　　（8）遗憾：________ ________

（9）代表：________ ________　　（10）永远：________ ________

（11）关：________ ________　　（12）开：________ ________

2. 完成句子　Complete the following sentences

［例］丁兰的英文很好，我们请她当英文翻译。

（1）方云天的日文很好，我们请________________。

（2）山本正懂汉语语法，我们请________________。

（3）金老师研究中国文化，我们请________________。

（4）艾米唱歌唱得很好，我们请________________。

（5）这个问题比较难，我们请________________。

（6）上课的时候，老师让________________。

（7）回家以后，妈妈让________________。

（8）我的房间不太干净，妈妈让________________。

（9）我不常给爸爸写信，爸爸让________________。

（10）哥哥想去看电影，他让________________。

## （三）汉字　Chinese characters

1. 写出带“礻”的汉字　Write some characters with the radical of “礻”

| 礻 | | | | | | | | | | |
|---|---|---|---|---|---|---|---|---|---|---|

2. 写出带“忄”的汉字　Write some characters with the radical of “忄”

| 忄 | | | | | | | | | | |
|---|---|---|---|---|---|---|---|---|---|---|

3. 给下列汉字注音并组成词或短语　Write the Pinyin of the following characters and make words or phrases with them

（1）福：________ ________　　幅：________ ________

（2）楼：________ ________　　数：________ ________

（3）万：________ ________　　方：________ ________

（4）唱：________ ________　　喝：________ ________

## 五 语法 Grammar

### （一）动量补语 Momentum complement

“一下（儿）”用在动词述语的后边做补语，表示动作进行一次，并含有所需时间短、不费力或尝试的意思。例如：认识一下（儿）、数一下（儿）、介绍一下（儿）。

“一下（儿）” is used after a verbal predicative, acting as a complement. It indicates one time of the action, which takes a short time or needs few effort, or means a trial of the action, such as “认识一下（儿）” “数一下（儿）” and “介绍一下（儿）”.

### （二）“的”字结构 的-structure

实词或短语与结构助词“的”可构成“的”字结构。这种结构可做主语和宾语。做主语，如“我问的是这个问题”“我想买的不是这种东西”；做宾语，如“这本书是英文的”“我是做翻译工作的”。

A notional word or phrase with the structural particle “的” is known as a 的-structure, which can act as a subject, such as “我问的是这个问题” and “我想买的不是这种东西”, or act as an object, such as “这本书是英文的” and “我是做翻译工作的”.

## 六 汉字表 Table of Chinese characters' order of strokes

| 汉字 Hànzì | 结构与笔顺 jiégòu yǔ bǐshùn | | | | | | | | | | |
|---|---|---|---|---|---|---|---|---|---|---|---|
| 祝 | 礻＋兄 | | | | | | | | | | |
| | 丶 | 𝆹 | 礻 | 礻 | 礻 | 礻 | 祀 | 祀 | 祝 | | |

| 汉字 Hànzì | 结构与笔顺 jiégòu yǔ bǐshùn |
|---|---|
| 永 | 丶 亅 刁 氶 永 |
| 幸 | 土 + 𢆉<br>一 十 土 圭 圭 幸 |
| 福 | 礻 + 畐<br>丶 ⺀ 礻 礻 礻 礻 祀 祀 祀 福 福 福 福 |
| 坐 | 从 + 土<br>丿 人 从 从 丛 坐 坐 |
| 健 | 亻 + 建<br>丿 亻 亻 亻 亻 亻 亻 俳 健 健 |
| 康 | 广 + 隶<br>丶 亠 广 广 庐 庐 康 康 康 康 康 |
| 寿 | 丰 + 寸<br>一 二 三 丰 寿 寿 寿 |
| 话 | 讠 + 舌<br>丶 讠 讠 讠 讠 讠 话 话 |
| 漂 | 氵 + 票<br>丶 冫 氵 汀 汀 沔 洒 洒 洒 洒 漂 漂 漂 漂 |
| 亮 | 亠 + 几<br>丶 亠 亠 亠 亠 亠 亠 亭 亮 |

| 汉字<br>Hànzì | 结构与笔顺<br>jiégòu yǔ bǐshùn | | | | | | | | | | | |
|---|---|---|---|---|---|---|---|---|---|---|---|---|
| 数 | 娄 + 攵 | | | | | | | | | | | |
| | 丶 | 丷 | 䒑 | 半 | 米 | 米 | 娄 | 娄 | 娄 | 数 | 数 | 数 |
| | 数 | | | | | | | | | | | |
| 枝 | 木 + 支 | | | | | | | | | | | |
| | 一 | 十 | 才 | 木 | 木 | 朩 | 枝 | 枝 | | | | |
| 吉 | 士 + 口 | | | | | | | | | | | |
| | 一 | 十 | 士 | 吉 | 吉 | 吉 | | | | | | |
| 顺 | 川 + 页 | | | | | | | | | | | |
| | 丿 | 川 | 川 | 川 | 川 | 川 | 顺 | 顺 | 顺 | | | |
| 敲 | 高 + 支 | | | | | | | | | | | |
| | 丶 | 亠 | 亠 | 亠 | 亠 | 亠 | 高 | 高 | 高 | 高 | 敲 | 敲 |
| | 敲 | 敲 | | | | | | | | | | |
| 门 | 丶 | 门 | 门 | | | | | | | | | |
| 代 | 亻 + 弋 | | | | | | | | | | | |
| | 丿 | 亻 | 仁 | 代 | 代 | | | | | | | |
| 遗 | 贵 + 辶 | | | | | | | | | | | |
| | 丶 | 冖 | 口 | 中 | 虫 | 贵 | 贵 | 贵 | 贵 | 遗 | 遗 | 遗 |
| 憾 | 忄 + 感 | | | | | | | | | | | |
| | 丶 | 丷 | 忄 | 忄 | 忄 | 忄 | 忄 | 忄 | 忄 | 憾 | 憾 | 憾 |
| | 憾 | 憾 | 憾 | 憾 | | | | | | | | |

| 汉字 Hànzì | 结构与笔顺 jiégòu yǔ bǐshùn | | | | | | | | | | | |
|---|---|---|---|---|---|---|---|---|---|---|---|---|
| 新 | 亲 + 斤 | | | | | | | | | | | |
| | 丶 | 亠 | 亠 | 亠 | 立 | 立 | 辛 | 辛 | 亲 | 亲 | 新 | 新 |
| | 新 | | | | | | | | | | | |
| 切 | 七 + 刀 | | | | | | | | | | | |
| | 一 | 七 | 切 | 切 | | | | | | | | |
| 让 | 讠 + 上 | | | | | | | | | | | |
| | 丶 | 讠 | 讠 | 讠 | 让 | | | | | | | |
| 喊 | 口 + 咸 | | | | | | | | | | | |
| | 丨 | 冂 | 口 | 口 | 口 | 口 | 口 | 口 | 口 | 喊 | 喊 | 喊 |
| 如 | 女 + 口 | | | | | | | | | | | |
| | 𡿨 | 女 | 女 | 如 | 如 | 如 | | | | | | |
| 心 | 丶 | 心 | 心 | 心 | | | | | | | | |
| 唱 | 口 + 昌 | | | | | | | | | | | |
| | 丨 | 冂 | 口 | 口 | 口 | 口 | 口 | 口 | 唱 | 唱 | 唱 | |
| 歌 | 哥 + 欠 | | | | | | | | | | | |
| | 一 | 丁 | 可 | 可 | 可 | 可 | 哥 | 哥 | 哥 | 哥 | 哥 | 歌 |
| | 歌 | 歌 | | | | | | | | | | |
| 过 | 寸 + 辶 | | | | | | | | | | | |
| | 一 | 十 | 寸 | 寸 | 过 | 过 | | | | | | |

Dì-bā kè
第八课

# 我家前边有条河

## 一 课文 Text

（在校园里，山本和大内遇上了方云天　On campus, Yamamoto and Ôuchi met Fang Yuntian）

大　内：听说方老师身体不好，我们想去看看他。

Tīngshuō Fāng lǎoshī shēntǐ bù hǎo, wǒmen xiǎng qù kànkan tā.

方云天：谢谢。

Xièxie.

山　本：（对大内）你看，我们什么时候去？

Nǐ kàn, wǒmen shénme shíhou qù?

大　内：今天、明天很忙，没时间。后天下午去，怎么样？

Jīntiān, míngtiān hěn máng, méi shíjiān. Hòutiān xiàwǔ qù, zěnmeyàng?

山　本：可以。（对方云天）你家住在哪儿？

Kěyǐ. Nǐ jiā zhù zài nǎr?

方云天：郊区。

Jiāoqū.

大　内：离这儿远吗？

Lí zhèr yuǎn ma?

方云天：不太远。骑自行车半小时就能到。

Bú tài yuǎn. Qí zìxíngchē bàn xiǎoshí jiù néng dào.

山　本：你家的环境一定很好。

Nǐ jiā de huánjìng yídìng hěn hǎo.

方云天：当然了。我家前边有条河，后边有座山，左边是果园，右边是菜地。

Dāngrán le. Wǒ jiā qiánbian yǒu tiáo hé, hòubian yǒu zuò shān, zuǒbian shì guǒyuán, yòubian shì càidì.

大　内：有山有水，真是个好地方。

Yǒu shān yǒu shuǐ, zhēn shì gè hǎo dìfang.

方云天：后天下午两点，我带你们去我家。

Hòutiān xiàwǔ liǎng diǎn, wǒ dài nǐmen qù wǒ jiā.

山　本：太好了。

Tài hǎo le.

大　内：我们坐公共汽车去吗？

Wǒmen zuò gōnggòng qìchē qù ma?

方云天：坐公共汽车不太方便，最好骑自行车。

Zuò gōnggòng qìchē bú tài fāngbiàn, zuìhǎo qí zìxíngchē.

大　内：我不会骑车。

Wǒ bú huì qí chē.

山　本：没关系，我们坐出租车去。

Méi guānxi, wǒmen zuò chūzūchē qù.

大　内：坐出租车去，谁付钱？

Zuò chūzūchē qù, shéi fù qián?

山　本：当然是你呀。

Dāngrán shì nǐ ya.

大　内：为什么？

Wèi shénme?

山　本：你是不会骑车的那位小姐呀。

Nǐ shì bú huì qí chē de nà wèi xiǎojiě ya.

## 二 生词 New words

| | | | |
|---|---|---|---|
| 1. 条 | （量） | tiáo | a measure word for long or narrow or thin things (ribbon, river, road, trousers, etc.) |
| 2. 河 | （名） | hé | river |
| 3. 听说 | （动） | tīngshuō | to hear of, to be told |
| 4. 郊区 | （名） | jiāoqū | suburban district, outskirts |
| 郊 | | jiāo | suburbs, outskirts |
| 5. 离 | （动） | lí | to be away from |
| 6. 骑 | （动） | qí | to ride |
| 7. 自行车 | （名） | zìxíngchē | bike |
| 车 | （名） | chē | vehicle |
| 8. 半 | （数） | bàn | half |
| 9. 环境 | （名） | huánjìng | circumstances, environment, surroundings |
| 10. 当然 | （副） | dāngrán | certainly, surely |
| 11. 后边 | （名） | hòubian | back side |
| 后 | （名） | hòu | back side |
| 12. 座 | （量） | zuò | a measure word for buildings, mountains, and other similar immovable objects |
| 13. 山 | （名） | shān | mountain |
| 14. 左边 | （名） | zuǒbian | left side |
| 左 | （名） | zuǒ | left side |
| 15. 果园 | （名） | guǒyuán | orchard |
| 16. 右边 | （名） | yòubian | right side |
| 右 | （名） | yòu | right side |
| 17. 菜地 | （名） | càidì | vegetable plot |
| 菜 | （名） | cài | vegetable |
| 地 | （名） | dì | fields, soil, land |
| 18. 水 | （名） | shuǐ | water |
| 19. 地方 | （名） | dìfang | place, space |
| 20. 带 | （动） | dài | to lead, to head |
| 21. 公共汽车 | | gōnggòng qìchē | bus |
| 公共 | （形） | gōnggòng | public, common |

| | | | |
|---|---|---|---|
| 汽车 | （名） | qìchē | automobile, motor vehicle, car |
| 22. 会 | （能动） | huì | can, to be capable of |
| 23. 出租车 | （名） | chūzūchē | taxi |
| 出租 | （动） | chūzū | to rent |

### 补充词汇　Supplementary words

| | | | |
|---|---|---|---|
| 1. 剧场 | （名） | jùchǎng | theater |
| 2. 下边 | （名） | xiàbian | under, below, underneath |
| 下 | （名） | xià | under, below, underneath |
| 3. 外边 | （名） | wàibian | outside |
| 外 | （名） | wài | outside |
| 4. 才 | （副） | cái | just, only |
| 5. 一些 | （数量） | yìxiē | some, several |
| 些 | （量） | xiē | some, a few, a little |
| 6. 钱包 | （名） | qiánbāo | wallet, purse |
| 7. 墙 | （名） | qiáng | wall |
| 8. 旁边 | （名） | pángbiān | side |
| 旁 | （名） | páng | side |
| 9. 街 | （名） | jiē | street |
| 10. 电影院 | （名） | diànyǐngyuàn | cinema, movie theatre |
| 电影 | （名） | diànyǐng | film, movie |
| 电 | （名） | diàn | electricity |
| 11. 不错 | （形） | búcuò | not had, pretty good |
| 12. 不过 | （连） | búguò | but, however, nevertheless |

## 三 课堂练习 Exercises

### （一）语音　Pronunciation

1. 朗读定调音节　Read aloud the syllables and pay attention to the tones

| | | | | |
|---|---|---|---|---|
| 都听 | 还听 | 也听 | 再听 | 听的 |
| 都读 | 还读 | 也读 | 再读 | 读的 |

| | | | | |
|---|---|---|---|---|
| 都写 | 还写 | 也写 | 再写 | 写的 |
| 都看 | 还看 | 也看 | 再看 | 看的 |

2. 辨音辨调　Distinguish the sounds and tones

| | | | | | |
|---|---|---|---|---|---|
| jiāoqū | 郊区 | huánjìng | 环境 | guǒyuán | 果园 |
| jiāoqī | 娇妻 | huángjīn | 黄金 | gōngyuán | 公园 |
| gōnggòng | 公共 | qìchē | 汽车 | càidì | 菜地 |
| gōngjìng | 恭敬 | qí chē | 骑车 | cǎodì | 草地 |
| dāngrán | 当然 | jīchǎng | 机场 | chūzū | 出租 |
| dānrén | 单人 | jùchǎng | 剧场 | chūchù | 出处 |

3. 双音节声调　Tones of disyllables

| | | | | |
|---|---|---|---|---|
| zài xiě: | Hànyǔ | 汉语 | Rìyǔ | 日语 |
| | lìshǐ | 历史 | kèběn | 课本 |
| | dàibiǎo | 代表 | diànyǐng | 电影 |
| | bùjiǔ | 不久 | wòshǒu | 握手 |
| | yìqǐ | 一起 | zìjǐ | 自己 |
| | tiàowǔ | 跳舞 | zhèngfǔ | 政府 |
| zài kàn: | shìjiè | 世界 | zuòyè | 作业 |
| | zuìjìn | 最近 | zuìhòu | 最后 |
| | xiànzài | 现在 | xiàndài | 现代 |
| | zàijiàn | 再见 | duànliàn | 锻炼 |
| | yuànyì | 愿意 | diànhuà | 电话 |
| | jiàoshì | 教室 | sùshè | 宿舍 |

4. 重音　Stress

| | | | |
|---|---|---|---|
| （1）前边 | 后边 | 左边 | 右边 |
| 上边 | 下边 | 里边 | 外边 |
| （2）山上 | 地上 | 床上 | 书上 |
| 书架上 | 桌子上 | 地图上 | 汽车上 |
| 家里 | 河里 | 公园里 | 果园里 |
| 商店里 | 书店里 | 宿舍里 | 教室里 |

5. 语调　Intonation

听说方老师身体不好，是吗？

你们下午没有课，是吗？

这个词的意思是“容易”，对吗？

你不喜欢坐公共汽车，对吗？

我们交换辅导，行吗？

你帮帮我，行吗？

我们骑自行车去，好吗？

我们明天去公园，好吗？

我用一下你的自行车，可以吗？

我坐在这儿，可以吗？

## （二）词语　Words and phrases

1. 朗读短语　Read aloud the phrases

| | |
|---|---|
| （1）会汉语 | 会说汉语 |
| 会日语 | 会说日语 |
| 会英语 | 会说英语 |
| 会法语 | 会说法语 |
| 会德语 | 会说德语 |
| 会俄语 | 会说俄语 |

会西班牙语　　　　会说西班牙语
会阿拉伯语　　　　会说阿拉伯语
会意大利语　　　　会说意大利语

（2）图书馆前边　　　　图书馆的前边
宿舍楼后边　　　　宿舍楼的后边
山本正左边　　　　山本正的左边
金汉成右边　　　　金汉成的右边
书架上边　　　　书架的上边
桌子下边　　　　桌子的下边
商店里边　　　　商店的里边
书店外边　　　　书店的外边

（3）太好了　　太快了　　太大了　　太多了
太遗憾了　　太漂亮了　　太高兴了　　太干净了

（4）当然去了　　当然有了　　当然是了　　当然看了
当然准备了　　当然复习了　　当然打扫了　　当然收拾了

（5）最喜欢他了　　最喜欢白老师了　　最喜欢看书了
最喜欢去图书馆了　　最有用了　　最有意思了
最便宜了　　最好看了

2. 用“就”或者“才”填空　Fill in the blanks with “就” or “才”

［例］方老师家不太远，骑自行车半小时就能到。
王老师家很远，坐公共汽车一个小时才能到。

（1）八点上课，老师七点四十________来了。
（2）八点上课，金汉成八点半________来。
（3）今天的作业很多，我一个小时________做完。
（4）今天的作业不多，我半个小时________做完了。
（5）他家离这儿很远，骑自行车两个小时________到。
（6）他家离这儿很近，骑自行车半个小时________到了。

（7）我们班一个月________学完了一本书。

（8）他们班两个月________学完一本书。

（9）坐出租车二十分钟________到了。

（10）坐公共汽车四十分钟________到。

## （三）句型　Sentence patterns

替换　Substitution

（1）A：桌子上有什么？

B：桌子上有一本词典。

| | |
|---|---|
| 书架上 | 很多书 |
| 床上 | 一些衣服 |
| 桌子里 | 一个钱包 |
| 钱包里 | 很多钱 |
| 公园里 | 很多花儿 |

（2）A：桌子上有书吗？

B：桌子上没有书。

| | |
|---|---|
| 书架上 | 词典 |
| 床上 | 衣服 |
| 墙上 | 画儿 |
| 桌子上 | 笔 |
| 钱包里 | 钱 |
| 房间里 | 人 |
| 教室里 | 学生 |
| 办公室里 | 老师 |

（3）A：你左边是谁？

B：我左边是艾米。

| | |
|---|---|
| 你右边 | 大内 |
| 你前边 | 彼得 |

| | |
|---|---|
| 你后边 | 山本 |
| 你旁边 | 艾米和大内 |
| 艾米后边 | 贝拉 |
| 贝拉右边 | 山本 |
| 山本右边 | 金汉成 |
| 金汉成前边 | 大内 |

（4）A：你家前边有什么？

B：我家前边有一条河。

| | |
|---|---|
| 你家后边 | 一座小山 |
| 你家左边 | 一个果园 |
| 你家右边 | 一块菜地 |
| 你们学校前边 | 一条大街 |
| 你们学校后边 | 一个公园 |
| 你们学校左边 | 商店和书店 |
| 你们学校右边 | 一个剧场 |
| 剧场旁边 | 一个电影院 |

（5）A：你家前边是什么？

B：我家前边是一条河。

| | |
|---|---|
| 你家后边 | 一座小山 |
| 你家左边 | 一个果园 |
| 你家右边 | 一块菜地 |
| 你们学校前边 | 一条大街 |
| 你们学校后边 | 一个公园 |
| 你们学校左边 | 商店和书店 |
| 你们学校右边 | 一个剧场 |
| 剧场旁边 | 一个电影院 |

（6）A：你家在哪儿？

B：我家在郊区。

| | |
|---|---|
| 小王家 | 学校外边 |

| | |
|---|---|
| 小李家 | 那个楼前边 |
| 小张家 | 那个楼三层 |
| 小马家 | 小张家下边 |
| 食堂 | 宿舍楼后边 |
| 教学楼 | 办公楼前边 |
| 办公楼 | 图书馆旁边 |
| 图书馆 | 教学楼旁边 |

（四）按照下列情景，用本课句型说话　Have a conversation on the following topics with the patterns in the text

（1）你的老师病（bìng, to be ill）了，你和同学商量（shāngliang, to discuss）去看他。

（2）你的同学病了，你和朋友商量去看他。

（3）谈谈学校的环境。

（4）谈谈宿舍楼的环境。

## 四 家庭作业 Homework

（一）阅读　Reading

### 方老师的家在郊区

方老师的家在郊区。

他家的环境不错。前边是河，后边是山，左边是果园，右边是菜地。那儿有山有水，真是个好地方！

听说方老师身体不好，班里同学都很着急。他们想去看看方老师。

方老师家离学校不远，骑自行车不到半小时。可是，大内不会骑车，坐公共汽车又不太方便。怎么办呢？山本说：“我们最好是坐出租车去。”大内说：“坐出租车可以。不过，谁付钱？”“不会骑车的那位小姐呀。”

1. 读后回答　Answer the following questions after reading

（1）方老师家在哪儿？

（2）他家的环境怎么样？

（3）同学们为什么很着急？

（4）方老师家离学校远不远？

（5）他们为什么不骑自行车去？

（6）坐出租车谁付钱？

2. 朗读课文　Read aloud the text

## （二）词语和句子　Words and sentences

1. 用下列生词至少组成两个短语　Make at least two phrases with each of the following words

（1）郊区：________ ________　　（2）离：________ ________

（3）骑：________ ________　　（4）自行车：________ ________

（5）环境：________ ________　　（6）一些：________ ________

（7）汽车：________ ________　　（8）不错：________ ________

（9）菜：________ ________　　（10）山：________ ________

（11）河：________ ________　　（12）墙：________ ________

（13）电影：________ ________　　（14）钱包：________ ________

（15）剧场：________ ________　　（16）街：________ ________

2. 用“不过”完成句子　Complete the following sentences with “不过”

（1）大内说得不错，________________。　（r 的发音）

（2）我喜欢唱歌，________________。　（唱得）

（3）坐公共汽车很便宜，________________。　（人）

（4）骑自行车很方便，________________。　（累）

（5）这儿的学习环境很好，________________。　（热）

（6）今天的作业很多，________________。　（容易）

3. 用“当然了”完成对话　Complete the following dialogues with “当然了”

（1）A：这儿的学习环境很好。

B：____________________。（中国学生）

（2）A：到北京以后就给我写信。

B：____________________。（一定）

（3）A：你明天一定来呀！

B：____________________。（八点）

（4）A：汉语发音很难吧？

B：____________________。（特别）

（5）A：你的房间很凉快吧？

B：____________________。（空调）

4. 将意思相同的两句话进行连线　Match the sentences in the following two columns that have the same meaning

| | |
|---|---|
| 桌子上有一本词典。 | 剧场在商店旁边。 |
| 书架上有一个钱包。 | 河在我家前边。 |
| 我家前边有一条河。 | 词典在桌子上。 |
| 商店旁边有一个剧场。 | 钱包在书架上。 |
| 钱包里没有钱。 | 老师没在办公室。 |
| 办公室里没有老师。 | 我在金汉成右边。 |
| 我左边是金汉成。 | 我在方云天前边。 |
| 我后边是方云天。 | 钱没在钱包里。 |

## （三）汉字　Chinese characters

1. 写出带“王”的汉字　Write some characters with the radical of “王”

| 王 | | | | | | | | | | |
|---|---|---|---|---|---|---|---|---|---|---|

2. 写出带“宀”的汉字　Write some characters with the radical of “宀”

| 宀 | | | | | | | | | | |
|---|---|---|---|---|---|---|---|---|---|---|

3. 给下列汉字注音并组成词或短语　Write the Pinyin of the following characters and make words or phrases with them

(1) 车：________ ________　　东：________ ________

(2) 白：________ ________　　自：________ ________

(3) 租：________ ________　　姐：________ ________

(4) 过：________ ________　　还：________ ________

## 五 语法　Grammar

### (一) 方位表达法　The way to express location

表示方向相对位置的词叫方位词。方位词分为单纯方位词和合成方位词两小类。

A word which indicates a location is known as a locative word. Locative words can be classified into two kinds, simple locative words and compound locative words.

单纯方位词包括“前、后、左、右、上、下、里、外”等，多附着在名词后边，很少单用，如“山前、山后”。

The simple locative words include “前” “后” “左” “右” “上” “下” “里” “外” and so on. They usually follow nouns, such as “山前” and “山后”, and are seldom used alone.

合成方位词指“前、后、左、右、上、下、里、外”等加上词尾“边”等构成的“前边、后边、左边、右边、上边、下边、里边、外边”等。

A compound locative word is composed by adding the suffix “边” after a simple locative word, such as “前边” “后边” “左边” “右边” “上边” “下边” “里边” and “外边”.

### (二) 存在句　Existential Sentence

表示事物（广义的）存在的句子叫存在句。存在句有多种，这里介绍的是核心动词为"有、是、在"的存在句。这种存在句，主要有两类：

A sentence which indicates the existence of things (in broad sense) is known as a existential sentence. Such sentences have several kinds. The kind talked about here is the existential sentence with the main verb "有" "是" or "在", and this existential sentence has two kinds:

第一类，方位或处所成为话题。说明某个方位或处所存在什么事物时，采用下列句式：

The first kind, when a location or a place is the topic, which indicates that there is something at a location or a place, the following patterns are used:

| **主语** zhǔyǔ | **谓语** wèiyǔ | | **附加成分** fùjiā chéngfèn |
|---|---|---|---|
| | **述语** shùyǔ | **宾语** bīnyǔ | |
| 方位或处所词语 | 有/是 | 事物名词或名词短语 | |
| 桌子里 | 有 | 书 | 吗？ |
| 我家前边 | 是 | 一条河。 | |
| 书架上 | 有 | 一本词典。 | |
| 宿舍楼后边 | 是 | 一个食堂。 | |

第二类，事物成为话题。说明某种或某些事物存在于某个方位或处所时，采用下列句式：

The second kind, when things become the topics, which indicates certain things exist at a location or a place, the following patterns are used:

| **主语** zhǔyǔ | **谓语** wèiyǔ | | **附加成分** fùjiā chéngfèn |
|---|---|---|---|
| | **述语** shùyǔ | **宾语** bīnyǔ | |
| 事物名词或名词短语 | 在/是 | 方位或处所词语 | |
| 方老师 | 在 | 家 | 吗？ |
| 他 | 在 | 那个楼里。 | |
| 书 | 在 | 桌子上。 | |
| 词典 | 在 | 书架上。 | |

### （三）语气助词“了” The modal particle “了”

语气助词“了”常跟副词“太、最、当然”等搭配使用，表示肯定的语气。例如：

The modal particle “了” is often used with the adverbs “太, 最, 当然” and so on, to indicate the affirmative tone. For example:

（1）太遗憾了！

（2）我最喜欢他了！

（3）当然有了！

## 六 汉字表 Table of Chinese characters' order of strokes

| 汉字 Hànzì | 结构与笔顺 jiégòu yǔ bǐshùn | | | | | | | | | | | |
|---|---|---|---|---|---|---|---|---|---|---|---|---|
| 条 | 夂 + 朩 | | | | | | | | | | | |
| | ㇒ | ㇇ | 夂 | 夂 | 夆 | 条 | 条 | | | | | |
| 河 | 氵 + 可 | | | | | | | | | | | |
| | 丶 | 冫 | 氵 | 汀 | 汀 | 沔 | 沔 | 河 | | | | |
| 郊 | 交 + 阝 | | | | | | | | | | | |
| | 丶 | 亠 | 亠 | 六 | 交 | 交 | 郊 | 郊 | | | | |
| 区 | 匚 + 乂 | | | | | | | | | | | |
| | 一 | フ | 又 | 区 | | | | | | | | |
| 离 | 㐫 + 禸 | | | | | | | | | | | |
| | 丶 | 亠 | 亠 | 文 | 㐫 | 㐫 | 㐫 | 离 | 离 | 离 | | |
| 骑 | 马 + 奇 | | | | | | | | | | | |
| | 乛 | 马 | 马 | 马 | 马 | 马 | 骑 | 骑 | 骑 | 骑 | 骑 | |

| 汉字<br>Hànzì | 结构与笔顺<br>jiégòu yǔ bǐshùn | | | | | | | | | | | |
|---|---|---|---|---|---|---|---|---|---|---|---|---|
| 自 | ′ | 丨 | 冂 | 门 | 月 | 自 | | | | | | |
| 车 | 一 | 𠂇 | 𠂇 | 车 | | | | | | | | |
| 半 | 丶 | 丷 | 丷 | 兰 | 半 | | | | | | | |
| 环 | 王 + 不 | | | | | | | | | | | |
| | 一 | 二 | 干 | 王 | 王一 | 玎 | 环 | 环 | | | | |
| 境 | 土 + 竟 | | | | | | | | | | | |
| | 一 | 十 | 土 | 土丶 | 圹 | 圹 | 圹 | 垃 | 垃 | 堷 | 堷 | 堷 |
| | 境 | 境 | | | | | | | | | | |
| 然 | 肰 + 灬 | | | | | | | | | | | |
| | 丿 | 夕 | 夕 | 夕 | 夕一 | 夕十 | 肰 | 肰 | 然 | 然 | 然 | 然 |
| 座 | 广 + 坐 | | | | | | | | | | | |
| | 丶 | 亠 | 广 | 广 | 庂 | 庂 | 庂 | 庂 | 座 | 座 | | |
| 左 | 𠂇 + 工 | | | | | | | | | | | |
| | 一 | 𠂇 | 左 | 左 | 左 | | | | | | | |
| 菜 | 艹 + 采 | | | | | | | | | | | |
| | 一 | 十 | 廿 | 艹 | 艹 | 艹 | 艹 | 苎 | 苹 | 菜 | 菜 | |
| 带 | 卅 + 冖 + 巾 | | | | | | | | | | | |
| | 一 | 十 | 廿 | 卅 | 卅 | 卅 | 带 | 带 | 带 | | | |
| 汽 | 氵 + 气 | | | | | | | | | | | |
| | 丶 | 冫 | 氵 | 氵 | 汇 | 汽 | 汽 | | | | | |

| 汉字 Hànzì | 结构与笔顺 jiégòu yǔ bǐshùn | | | | | | | | | | | |
|---|---|---|---|---|---|---|---|---|---|---|---|---|
| 租 | 禾 + 且 | | | | | | | | | | | |
| | 丿 | 二 | 千 | 禾 | 禾 | 利 | 和 | 和 | 相 | 租 | | |
| 剧 | 居 + 刂 | | | | | | | | | | | |
| | ㇇ | コ | 尸 | 尸 | 尸 | 尸 | 居 | 居 | 剧 | 剧 | | |
| 场 | 土 + 𠃓 | | | | | | | | | | | |
| | 一 | 十 | 土 | 场 | 场 | 场 | | | | | | |
| 些 | 此 + 二 | | | | | | | | | | | |
| | 丨 | ⺊ | 止 | 止 | 止 | 此 | 此 | 些 | | | | |
| 包 | 勹 + 巳 | | | | | | | | | | | |
| | 丿 | 勹 | 勹 | 勹 | 包 | | | | | | | |
| 墙 | 土 + 啬 | | | | | | | | | | | |
| | 一 | 十 | 土 | 土 | 圹 | 圹 | 圹 | 垃 | 垃 | 墙 | 墙 | 墙 |
| | 墙 | 墙 | | | | | | | | | | |
| 旁 | 产 + 方 | | | | | | | | | | | |
| | 丶 | 亠 | 亠 | 亠 | 六 | 产 | 产 | 产 | 旁 | 旁 | | |
| 街 | 彳 + 圭 + 亍 | | | | | | | | | | | |
| | 丿 | 彡 | 彳 | 彳 | 行 | 行 | 往 | 往 | 往 | 街 | 街 | 街 |
| 影 | 景 + 彡 | | | | | | | | | | | |
| | 丨 | 冂 | 日 | 日 | 日 | 旦 | 早 | 早 | 星 | 景 | 景 | 景 |
| | 景 | 影 | 影 | | | | | | | | | |

Dì-jiǔ kè
# 第九课 我们一起照张相

## 一 课文 Text

### （一）

（星期六下午，山本、大内来到方老师家 On Saturday afternoon, Yamamoto and Ôuchi came to Teacher Fang's house）

山本 & 大内：您好！

Nín hǎo!

方 龙：你们好，快请进。

Nǐmen hǎo, kuài qǐng jìn.

大 内：听说您身体不舒服，我们来看看您。

Tīngshuō nín shēntǐ bù shūfu, wǒmen lái kànkan nín.

山 本：您觉得好点儿了吗？

Nín juéde hǎo diǎnr le ma?

方云天：我爸爸从前天开始就咳嗽、发烧。

Wǒ bàba cóng qiántiān kāishǐ jiù késou, fāshāo.

方 龙：这几天一边吃药，一边休息，现在体温正常了。

Zhè jǐ tiān yìbiān chī yào, yìbiān xiūxi, xiànzài tǐwēn zhèngcháng le.

山 本：祝您早日恢复健康。

Zhù nín zǎorì huīfù jiànkāng.

方 龙：谢谢。

Xièxie.

方云天：你们喝点儿什么饮料？

Nǐmen hē diǎnr shénme yǐnliào?

大 内：随便。

Suíbiàn.

山　本：我喝茶。

Wǒ hē chá.

方云天：好，请你们尝尝中国的乌龙茶。

Hǎo, qǐng nǐmen chángchang Zhōngguó de wūlóngchá.

## （二）

（方奶奶从里屋走出来　Grandma Fang is coming out from the inner room）

方　龙：我来介绍介绍。这是我母亲。

Wǒ lái jièshào jièshào. Zhè shì wǒ mǔqin.

方云天：奶奶，他们是我爸爸的学生。

Nǎinai, tāmen shì wǒ bàba de xuésheng.

大　内：方老师，我们也叫奶奶，行不行？

Fāng lǎoshī, wǒmen yě jiào nǎinai, xíng bu xíng?

方　龙：可以。

Kěyǐ.

山　本：方奶奶好！

Fāng nǎinai hǎo!

大　内：奶奶好！

Nǎinai hǎo!

方奶奶：你们好！请坐，请坐！哟，这姑娘真漂亮！今年多大啦？

Nǐmen hǎo! Qǐng zuò, qǐng zuò! Yō, zhè gūniang zhēn piàoliang! Jīnnián duō dà la?

方云天：奶奶，女孩子不喜欢别人问年龄。

Nǎinai, nǚháizi bù xǐhuan biéren wèn niánlíng.

大　内：没关系，老人可以问。奶奶，我今年19岁。

Méi guānxi, lǎorén kěyǐ wèn. Nǎinai, wǒ jīnnián 19 suì.

方奶奶：真年轻！家里没什么好吃的。来，吃点儿水果，吃块儿西瓜。

Zhēn niánqīng! Jiā li méi shénme hǎochī de. Lái, chī diǎnr shuǐguǒ, chī kuàir xīgua.

山　本：奶奶，您别忙啦，我们自己来。

Nǎinai, nín bié máng la, wǒmen zìjǐ lái.

大　内：方老师，我们一起照张相，好不好？

Fāng lǎoshī, wǒmen yìqǐ zhào zhāng xiàng, hǎo bu hǎo?

方　龙：好的。

Hǎo de.

山　本：请奶奶、老师坐在中间。请坐好，笑一笑，好！

Qǐng nǎinai, lǎoshī zuò zài zhōngjiān. Qǐng zuòhǎo, xiào yi xiào, hǎo!

## 二 生词 New words

| | | | |
|---|---|---|---|
| 1. 照相 | （动） | zhàoxiàng | to take a picture (or photograph), to photograph |
| 照 | （动） | zhào | to take (a picture), to look (in the mirror) |
| 相 | （名） | xiàng | photograph |
| 2. 舒服 | （形） | shūfu | comfortable, be well |
| 3. 从 | （介） | cóng | from |
| 4. 咳嗽 | （动） | késou | to cough |
| 5. 发烧 | （动） | fāshāo | to have a fever, to have a temperature |
| 6. 药 | （名） | yào | medicine, drug |
| 7. 体温 | （名） | tǐwēn | (body) temperature |
| 8. 正常 | （形） | zhèngcháng | normal, regular |
| 9. 早日 | （副） | zǎorì | early, soon |
| 早 | （形） | zǎo | early |
| 日 | （名） | rì | day, daytime |
| 10. 恢复 | （动） | huīfù | to recover, to regain |
| 11. 饮料 | （名） | yǐnliào | drink, beverage |
| 12. 随便 | （动） | suíbiàn | to do as one pleases |

| | | | |
|---|---|---|---|
| 13. 茶 | （名） | chá | tea |
| 14. 尝 | （动） | cháng | to taste |
| 15. 乌龙茶 | （名） | wūlóngchá | oolong (tea) |
| 16. 母亲 | （名） | mǔqin | mother |
| 17. 哟 | （叹） | yō | (an interjection) |
| 18. 姑娘 | （名） | gūniang | girl |
| 19. 今年 | （名） | jīnnián | this year |
| 20. 女孩子 | （名） | nǚháizi | girl |
| 21. 别人 | （代） | biéren | others, other people |
| 22. 年龄 | （名） | niánlíng | age |
| 23. 岁 | （量） | suì | year (of age) |
| 24. 西瓜 | （名） | xīgua | watermelon |
| 25. 自己 | （代） | zìjǐ | oneself |
| 26. 中间 | （名） | zhōngjiān | middle |
| 27. 笑 | （动） | xiào | to smile, to laugh |

## 补充词汇　Supplementary words

| | | | |
|---|---|---|---|
| 1. 修理 | （动） | xiūlǐ | to repair, to fix |
| 修 | （动） | xiū | to repair, to fix |
| 2. 画 | （动） | huà | to paint, to draw |
| 3. 头 | （名） | tóu | head |
| 4. 疼 | （形） | téng | painful, sore |
| 5. 牙 | （名） | yá | tooth |
| 6. 嗓子 | （名） | sǎngzi | throat |
| 7. 肚子 | （名） | dùzi | belly, abdomen |
| 8. 鼻子 | （名） | bízi | nose |
| 9. 通 | （动） | tōng | to open, to be unblocked |
| 10. 病 | （动） | bìng | to be ill |
| 11. 到处 | （副） | dàochù | everywhere, at all places |
| 12. 打 | （动） | dǎ | to strike, to knock, to break, to play (basketball) |
| 13. 打针 | （动） | dǎzhēn | to have an injection |

## 二 课堂练习 Exercises

### (一) 语音 Pronunciation

1. 朗读定调音节 Read aloud the syllables and pay attention to the tones

| | | | | |
|---|---|---|---|---|
| 都听 | 还听 | 也听 | 再听 | 听的 |
| 都读 | 还读 | 也读 | 再读 | 读的 |
| 都写 | 还写 | 也写 | 再写 | 写的 |
| 都看 | 还看 | 也看 | 再看 | 看的 |

2. 辨音辨调 Distinguish the sounds and tones

| | | | | | |
|---|---|---|---|---|---|
| zhàoxiàng | 照相 | késou | 咳嗽 | fāshāo | 发烧 |
| zhìxiàng | 志向 | gēsòng | 歌颂 | fàngshào | 放哨 |
| tǐwēn | 体温 | zhèngcháng | 正常 | píngrì | 平日 |
| tiānwén | 天文 | zhàocháng | 照常 | píngshí | 平时 |
| huīfù | 恢复 | gūniang | 姑娘 | zhōngjiān | 中间 |
| huífù | 回复 | gūliang | 估量 | kōngjiān | 空间 |

3. 双音节声调 Tones of disyllables

| | | | | |
|---|---|---|---|---|
| | māma | 妈妈 | gēge | 哥哥 |
| | shūfu | 舒服 | qīngchu | 清楚 |
| | xiūxi | 休息 | xiāoxi | 消息 |
| tīng de: | chuānghu | 窗户 | xiānsheng | 先生 |
| | zhīshi | 知识 | shōushi | 收拾 |
| | gūniang | 姑娘 | zhīdao | 知道 |
| | zhuōzi | 桌子 | yīfu | 衣服 |

| | | | | |
|---|---|---|---|---|
| | míngzi | 名字 | háizi | 孩子 |
| | piányi | 便宜 | érzi | 儿子 |
| dú de: | péngyou | 朋友 | shíhou | 时候 |
| | juéde | 觉得 | shénme | 什么 |
| | liángkuai | 凉快 | xuésheng | 学生 |

4. 重音　Stress

| | | | | |
|---|---|---|---|---|
| (1) | 看看 | 看一看 | 想想 | 想一想 |
| | 猜猜 | 猜一猜 | 念念 | 念一念 |
| | 做做 | 做一做 | 尝尝 | 尝一尝 |
| | 问问 | 问一问 | 听听 | 听一听 |
| | 笑笑 | 笑一笑 | 找找 | 找一找 |
| (2) | 介绍介绍 | 辅导辅导 | 帮助帮助 | 准备准备 |
| | 打扫打扫 | 收拾收拾 | 研究研究 | 学习学习 |
| | 预习预习 | 复习复习 | 考虑考虑 | 修理修理 |

5. 语调　Intonation

我们一起照张相，好不好？

我们骑自行车去，好不好？

你帮我买支蜡烛，行不行？

你帮我买本词典，行不行？

你对照相没兴趣，是不是？

你最近身体不太好，是不是？

你昨天没去上课，对不对？

你没复习课文，对不对？

## （二）词语　Words and phrases

朗读短语　Read aloud the phrases

（1）照

照相

照张相

一起照张相

我们一起照张相

（2）相

照相

照一张相

给我照一张相

请给我照一张相

（3）恢复

恢复健康

早日恢复健康

祝您早日恢复健康

我们祝您早日恢复健康

（4）尝

尝尝

尝尝乌龙茶

尝尝中国的乌龙茶

请你们尝尝中国的乌龙茶

## （三）句型　Sentence patterns

替换　Substitution

（1）A：你对照相没兴趣，是不是？

B：对，我不喜欢照相。

旅行　经商　学习　唱歌　当老师　画画儿　看电影　看电视

（2）A：你是不是对照相没兴趣？

B：不是，我很喜欢照相。

旅行　经商　学习　唱歌　当老师　画画儿　看电影　看电视

（3）A：你是不是觉得很冷？

B：是，我是觉得很冷。

太热　不舒服　不好吃　不好看　不干净　很遗憾　没有意思

（4）A：您觉得哪儿不舒服？

B：头疼。

咳嗽　牙疼　嗓子疼　肚子疼　鼻子不通

（5）A：你帮我修修 自行车，行不行？

B：没问题。

| | |
|---|---|
| 修修 | 手表 |
| 修理一下 | 空调 |
| 洗洗 | 水果 |
| 洗一下 | 衣服 |
| 打扫打扫 | 房间 |
| 打扫一下 | 教室 |
| 收拾收拾 | 东西 |
| 收拾一下 | 桌子 |

（四）按照下列情景，用本课句型说话 Have a conversation on the following topics with the patterns in the text

（1）你的老师病了，你去看望（kànwàng，to visit）他。

（2）你的同学病了，你去看望他。

## 四 家庭作业 Homework

（一）阅读 Reading

**我也属兔**

方云天：请你们看看我们家。

山 本：你家一共有几个房间？

方云天：一共三个房间，一个大房间，两个小房间。

山 本：你住哪个房间？

方云天：我住那个房间。右边的大房间是爸爸妈妈的，左边的小房间是我奶奶住的。来看看我的房间。

山 本：哟，收拾得真漂亮！

大　内：房间不大，可是到处都干干净净，是你自己收拾的吗？

方云天：是我自己收拾的。

山　本：（对大内）请来一下儿。

大　内：什么事儿？

山　本：这儿也有一只小兔子，跟你的小兔子一样可爱。

大　内：（问方云天）你跟我一样，也喜欢小兔子？

方云天：我也是兔年出生的，也属兔。

山　本：怪不得你们两个人一样可爱！

1. 填空　Fill in the blanks

（1）方云天请山本正和大内上子______________________。

（2）方云天家一共__________，一个__________，两个__________。

（3）爸爸妈妈住在________边的房间，奶奶住在________边的房间。

（4）方云天的房间__________，可是到处都__________。

（5）方云天也有____________________。

（6）方云天和大内上子都是______________，都属______________。

2. 朗读课文　Read aloud the text

## （二）词语和句子　Words and sentences

1. 用下列生词至少组成两个短语　Make at least two phrases with each of the following words

（1）体温：________ ________　（2）正常：________ ________

（3）姑娘：________ ________　（4）别人：________ ________

（5）打：________ ________　（6）自己：________ ________

（7）年龄：________ ________　（8）疼：________ ________

（9）画：________ ________　（10）修：________ ________

（11）舒服：________ ________　（12）饮料：________ ________

2. 用“到处”改写句子 Rewrite the following sentences with “到处”

［例］这么晚，每个地方都关门了，你去哪儿买呀？

→ 这么晚，到处都关门了，你去哪儿买呀？

（1）这个学校不大，可是每个地方都干干净净。

（2）这里人太多，坐车、住房都不方便。

（3）商店里人太多，买东西很不方便。

（4）他的手表不见了，每个地方都找了，也没找到。

（5）这种花儿公园里每个地方都有。

（6）每个地方都有修自行车的。

3. 用“随便”改写句子 Rewrite the following sentences with “随便”

（1）你们吃什么都可以。

（2）你们喝什么都可以。

（3）你们喜欢坐哪儿就坐哪儿。

（4）现在是上课时间，不能想说什么就说什么。

（5）A：你喝什么？

B：喝什么都行。

（6）A：你用哪支笔？

B：用哪支都行。

4. 选择合适的动词，重叠后填空 Choose the proper verb, then fill in the blank with its reduplication form

问　猜　尝　用　玩儿　打针　聊天儿

考虑　复习　准备　休息　了解　介绍

（1）我太累了，想休息休息。

（2）请你给我________。

（3）这个问题很难，我去________老师。

（4）这个问题很难，我得________才能回答。

(5) 我________你的钢笔，可以吗？

(6) 你________他多大年纪。

(7) 咱们________语法吧。

(8) 我想________这个学校的历史。

(9) 明天咱们去公园________，好不好？

(10) 明天去旅行，今天我们________。

(11) 请你________这个菜。

(12) 你什么时候有空儿，咱们________。

(13) 别着急，你的病吃点儿药，________就好了。

## （三）汉字 Chinese characters

1. 写出带“艹”的汉字 Write some characters with the radical of “艹”

| | | | | | | | | | | |
|---|---|---|---|---|---|---|---|---|---|---|
| 艹 | | | | | | | | | | |

2. 写出带“⺮”的汉字 Write some characters with the radical of “⺮”

| | | | | | | | | | | |
|---|---|---|---|---|---|---|---|---|---|---|
| ⺮ | | | | | | | | | | |

3. 给下列汉字注音并组成词或短语 Write the Pinyin of the following characters and make words or phrases with them

(1) 己：________ ________　　　已：________ ________

(2) 处：________ ________　　　外：________ ________

(3) 尝：________ ________　　　常：________ ________

(4) 饭：________ ________　　　饮：________ ________

## 五 语法 Grammar

### （一）正反疑问句（2） Affirmative-negative question (2)

由“是不是、对不对、好不好、行不行”等疑问形式所构成的疑问句是正反疑问句。使用这种疑问句时，说话人对答案带有一定的倾向性，要求听话人对事实的真伪做出回答或对说话人提出的建议表态。例如：

A question with “是不是” “对不对” “好不好” “行不行” is also known as an affirmative-negative question. This question shows the tendency to the answer of the speaker, and requires the listener to give an actual answer or to make known his position to the speaker's suggestion. For example:

（1）你是不是不认识他呀？

（2）是不是你跟我们一起去？

（3）你对照相没兴趣，是不是？

（4）你的身体不太好，对不对？

（5）你帮我买支蜡烛，行不行？

（6）我们明天去郊区玩儿，好不好？

### （二）动词重叠 Verb reduplication

动词重叠表示动作所需时量不定，多强调短时。强调短时的时候，有时兼含动作轻微、简单不费力、轻松随便或尝试的意思。未然性动作动词，单双音节重叠形式不尽相同：单音节动词有AA与A一A两种形式，双音节动词多为ABAB式。例如：

Verb reduplication indicates that the time-quantity of an action taking place is indefinite. It is used to stress a short and quick action, and implies that the action is light, simple, soft, informal or just a trial. The reduplication form of a monosyllabic verb of future action is AA and A一A. The reduplication form of a disyllabic verb of future action is ABAB. For example:

| AA | A一A | ABAB |
|---|---|---|
| 看看 | 看一看 | 介绍介绍 |
| 笑笑 | 笑一笑 | 学习学习 |

## 六 注释 Notes

### "年纪"和"年龄" "年纪" and "年龄"

"年纪"和"年龄"都指人生存的岁数。"年纪"用于询问时，对象多为岁数大的人，而且多用于口语。"年龄"多用于书面语，还可用于动植物。

Both "年纪" and "年龄" indicate a person's age. "年纪" is used to inquire the age, generally for the aged people, and commonly used in spoken language. "年龄" is often used in written language, and it can also be used for animals and plants.

## 七 汉字表 Table of Chinese characters' order of strokes

| 汉字 Hànzì | 结构与笔顺 jiégòu yǔ bǐshùn | | | | | | | | | | | |
|---|---|---|---|---|---|---|---|---|---|---|---|---|
| 照 | 昭 + 灬 | | | | | | | | | | | |
| | 丨 | 冂 | 月 | 日 | 日ㄱ | 日刀 | 日刀丨 | 日刀冂 | 昭 | 昭丿 | 昭丿丶 | 昭丿丶丶 |
| | 照 | | | | | | | | | | | |
| 舒 | 舍 + 予 | | | | | | | | | | | |
| | 丿 | 𠆢 | 亼 | 亼一 | 全 | 仐 | 舍 | 舍 | 舍ㄱ | 舍ㄗ | 舍予 | 舒 |
| 从 | 人 + 人 | | | | | | | | | | | |
| | 丿 | 人 | 人丿 | 从 | | | | | | | | |

| 汉字 Hànzì | 结构与笔顺 jiégòu yǔ bǐshùn | | | | | | | | | | | |
|---|---|---|---|---|---|---|---|---|---|---|---|---|
| 咳 | 口 + 亥 | | | | | | | | | | | |
| | 丨 | 𠃍 | 口 | 口丶 | 口亠 | 口亠𠃋 | 口亠𠃋丿 | 口亠𠃋丿丿 | 咳 | | | |
| 嗽 | 口 + 欶 | | | | | | | | | | | |
| | 丨 | 𠃍 | 口 | 口一 | 口一丨 | 口一丨𠃍 | 口一丨𠃍一 | 口一丨𠃍一丨 | 口一丨𠃍一丨丿 | 口束 | 口束丿 | 口束丿乛 |
| | 口束丿乛丿 | 嗽 | | | | | | | | | | |
| 烧 | 火 + 尧 | | | | | | | | | | | |
| | 丶 | 丶丿 | 丷丿 | 火 | 火一 | 火𠂇 | 火戈 | 火𠂇一丿 | 火尧丿 | 烧 | | |
| 药 | 艹 + 约 | | | | | | | | | | | |
| | 一 | 十 | 艹 | 艹𠃋 | 艹𠃋𠃋 | 艹纟 | 艹纟丿 | 艹纟勹 | 药 | | | |
| 温 | 氵 + 昷 | | | | | | | | | | | |
| | 丶 | 丶丶 | 氵 | 氵丨 | 氵𠃍 | 氵日一 | 氵日 | 氵日丨 | 氵日𠃍 | 氵日皿丨 | 氵日皿丨丨 | 温 |
| 早 | 日 + 十 | | | | | | | | | | | |
| | 丨 | 𠃍 | 日一 | 日 | 旦 | 早 | | | | | | |
| 恢 | 忄 + 灰 | | | | | | | | | | | |
| | 丶 | 丶丶 | 忄 | 忄一 | 忄𠂇 | 忄𠂇丶 | 忄𠂇丷 | 忄𠂇丷丿 | 恢 | | | |
| 饮 | 饣 + 欠 | | | | | | | | | | | |
| | 丿 | 𠂉 | 饣 | 饣丿 | 饣𠂊 | 饣𠂊丿 | 饮 | | | | | |
| 料 | 米 + 斗 | | | | | | | | | | | |
| | 丶 | 丷 | 䒑 | 䒑丨 | 米丿 | 米 | 米丶 | 米丶丶 | 米丶丶一 | 料 | | |
| 随 | 阝 + 迶 | | | | | | | | | | | |
| | 了 | 阝 | 阝一 | 阝𠂇 | 阝有丨 | 阝有𠃍 | 阝有𠃍一 | 阝有 | 阝丶有 | 阝辶有丶 | 随 | |

| 汉字 Hànzì | 结构与笔顺 jiégòu yǔ bǐshùn | | | | | | | | | | | |
|---|---|---|---|---|---|---|---|---|---|---|---|---|
| 茶 | 艹 + 余 | | | | | | | | | | | |
| | 一 | 十 | 艹 | 艹 | 艾 | 苂 | 茶 | 茶 | 茶 | | | |
| 尝 | ⺌ + 云 | | | | | | | | | | | |
| | 丨 | 刂 | 小 | 小 | 尚 | 尚 | 尝 | 尝 | 尝 | | | |
| 乌 | 丿 | 勹 | 乌 | 乌 | | | | | | | | |
| 母 | 乚 | 𠃜 | 母 | 母 | 母 | | | | | | | |
| 亲 | 立 + ホ | | | | | | | | | | | |
| | 丶 | 亠 | 亠 | 亠 | 立 | 立 | 辛 | 辛 | 亲 | | | |
| 哟 | 口 + 约 | | | | | | | | | | | |
| | 丨 | 口 | 口 | 叼 | 吆 | 吆 | 哟 | 哟 | 哟 | | | |
| 姑 | 女 + 古 | | | | | | | | | | | |
| | 𡿨 | 女 | 女 | 女一 | 奸 | 奸 | 姑 | 姑 | | | | |
| 娘 | 女 + 良 | | | | | | | | | | | |
| | 𡿨 | 女 | 女 | 女 | 妇 | 妇 | 妇 | 娘 | 娘 | 娘 | | |
| 孩 | 子 + 亥 | | | | | | | | | | | |
| | 乛 | 了 | 子 | 孑 | 孑 | 孩 | 孩 | 孩 | 孩 | | | |
| 龄 | 齿 + 令 | | | | | | | | | | | |
| | 丨 | 卜 | 止 | 止 | 止 | 止 | 齿 | 齿 | 齿 | 龄 | 龄 | 龄 |
| | 龄 | | | | | | | | | | | |
| 岁 | 山 + 夕 | | | | | | | | | | | |
| | 丨 | 山 | 山 | 岁 | 岁 | 岁 | | | | | | |
| 瓜 | 一 | 厂 | 瓜 | 瓜 | 瓜 | | | | | | | |

| 汉字 Hànzì | 结构与笔顺 jiégòu yǔ bǐshùn | | | | | | | | | | | |
|---|---|---|---|---|---|---|---|---|---|---|---|---|
| 笑 | ⺮ ＋ 夭 | | | | | | | | | | | |
| | 丿 | 𠂉 | 𠂉 | 𠂉丿 | 𠂉𠂉 | ⺮ | 𥫗 | 竺 | 笄 | 笑 | | |
| 修 | 亻丨 ＋ 攸 | | | | | | | | | | | |
| | 丿 | 亻 | 亻丨 | 亻丨丿 | 亻丨𠂉 | 攸 | 修 | 修 | 修 | | | |
| 头 | 丶 | ⺀ | 㐅 | 头 | 头 | | | | | | | |
| 疼 | 疒 ＋ 冬 | | | | | | | | | | | |
| | 丶 | 亠 | 广 | 广 | 疒 | 疒 | 疒 | 疒 | 疼 | 疼 | | |
| 嗓 | 口 ＋ 桑 | | | | | | | | | | | |
| | 丨 | 𠃍 | 口 | 口フ | 口又 | 叒 | 叒 | 叒 | 叒 | 叒 | 嗓 | 嗓 |
| | 嗓 | | | | | | | | | | | |
| 肚 | 月 ＋ 土 | | | | | | | | | | | |
| | 丿 | 冂 | 月 | 月 | 月一 | 肚 | 肚 | | | | | |
| 鼻 | 自 ＋ 田 ＋ 廾 | | | | | | | | | | | |
| | 丿 | 丿丨 | 白 | 白 | 自 | 自 | 自 | 自 | 自 | 畀 | 畀 | 畀 |
| | 鼻 | 鼻 | | | | | | | | | | |
| 病 | 疒 ＋ 丙 | | | | | | | | | | | |
| | 丶 | 亠 | 广 | 广 | 疒 | 疒 | 疒 | 病 | 病 | 病 | | |
| 处 | 夂 ＋ 卜 | | | | | | | | | | | |
| | 丿 | 夕 | 夂 | 处 | 处 | | | | | | | |
| 针 | 钅 ＋ 十 | | | | | | | | | | | |
| | 丿 | 𠂉 | 𠂉 | 𠂉 | 钅 | 钅一 | 针 | | | | | |

# Dì-shí kè 第十课 我现在就有时间

## 一 课文 Text

（一个星期五的下午，美国学生彼得骑自行车去书店，路上遇见一位刚刚认识的中国朋友，他叫赵林。 On a Friday afternoon, the American student, Peter, went to the bookstore riding a bike. On the way he met a Chinese friend called Zhao Lin, whom he had just known.）

赵 林：彼得，你好。

Bǐdé, nǐ hǎo.

彼 得：是赵先生！最近忙吗？

Shì Zhào xiānsheng! Zuìjìn máng ma?

赵 林：很忙。来中国以后，你生活习惯吗？

Hěn máng. Lái Zhōngguó yǐhòu, nǐ shēnghuó xíguàn ma?

彼 得：还行。我很喜欢这个城市，不过还是有点儿不太习惯。

Hái xíng. Wǒ hěn xǐhuan zhège chéngshì, búguò háishi yǒudiǎnr bú tài xíguàn.

赵 林：哪方面不习惯？对这儿的天气不习惯吗？

Nǎ fāngmiàn bù xíguàn? Duì zhèr de tiānqì bù xíguàn ma?

彼 得：天气还可以。这儿的人太多，到处都是人，公共汽车上也很挤。

Tiānqì hái kěyǐ. Zhèr de rén tài duō, dàochù dōu shì rén, gōnggòng qìchē shang yě hěn jǐ.

赵　林：是啊，上下班的时候，公共汽车上更挤。

Shì a, shàng-xiàbān de shíhou, gōnggòng qìchē shang gèng jǐ.

彼　得：我觉得骑自行车很方便，可以到处逛逛。

Wǒ juéde qí zìxíngchē hěn fāngbiàn, kěyǐ dàochù guàngguang.

赵　林：你现在住宾馆还是学校？

Nǐ xiànzài zhù bīnguǎn háishi xuéxiào?

彼　得：学校。

Xuéxiào.

赵　林：你自己住一个房间吗？

Nǐ zìjǐ zhù yí gè fángjiān ma?

彼　得：不，我跟一个朋友同居。

Bù, wǒ gēn yí gè péngyou tóngjū.

赵　林：你跟你的女朋友住在一起？

Nǐ gēn nǐ de nǚpéngyou zhù zài yìqǐ?

彼　得：你别误会，我是跟一个日本男同学住在一起。

Nǐ bié wùhuì, wǒ shì gēn yí gè Rìběn nántóngxué zhù zài yìqǐ.

赵　林：（笑）那叫“同住”或者“合住”，不说“同居”。

Nà jiào “tóngzhù” huòzhě “hézhù”, bù shuō “tóngjū”.

彼　得：是吗？多谢你的帮助。

Shì ma? Duōxiè nǐ de bāngzhù.

赵先生，你家住哪儿？

Zhào xiānsheng, nǐ jiā zhù nǎr?

赵　林：住在市区。有时间来我家玩儿。

Zhù zài shìqū. Yǒu shíjiān lái wǒ jiā wánr.

彼　得：太好了！我现在就有时间。

Tài hǎo le! Wǒ xiànzài jiù yǒu shíjiān.

赵　林：（看看表）对不起，我现在要去幼儿园接孩子。明天是星期天，你明天去，可以吗？

Duìbuqǐ, wǒ xiànzài yào qù yòu'éryuán jiē háizi. Míngtiān shì xīngqītiān, nǐ míngtiān qù, kěyǐ ma?

彼　得：好的。

Hǎo de.

赵　林：明天下午三点，我在家等你。

Míngtiān xiàwǔ sān diǎn, wǒ zài jiā děng nǐ.

彼　得：我会准时到的。

Wǒ huì zhǔnshí dào de.

赵　林：明天见！

Míngtiān jiàn!

（彼得突然想起没问住址　It suddenly occurred to Peter that he had forgotten to ask Zhao Lin's address）

彼　得：明天我去哪儿找他呀？

Míngtiān wǒ qù nǎr zhǎo tā ya?

## 生词 New words

| | | | |
|---|---|---|---|
| 1. 生活 | （名） | shēnghuó | life, livelihood |
| 2. 习惯 | （动） | xíguàn | to be accustomed to |
| 3. 城市 | （名） | chéngshì | city, town |
| 城 | （名） | chéng | city, town |
| 4. 还是 | （副） | háishi | still, nevertheless |
| 5. 有点儿 | （副） | yǒudiǎnr | a little |
| 6. 天气 | （名） | tiānqì | weather |
| 7. 挤 | （形） | jǐ | crowded |
| 8. 上班 | （动） | shàngbān | to go to work |

| | | | |
|---|---|---|---|
| 9. 下班 | （动） | xiàbān | to go off work |
| 10. 逛 | （动） | guàng | to stroll, to ramble |
| 11. 同居 | （动） | tóngjū | to live together, to cohabit |
| 同 | （副） | tóng | together |
| 12. 误会 | （动） | wùhuì | to misunderstand |
| 13. 或者 | （连） | huòzhě | or |
| 或 | （连） | huò | or |
| 14. 合住 | （动） | hézhù | to share a lodging, to share a room |
| 合 | （动） | hé | to join, to combine; to close |
| 15. 市区 | （名） | shìqū | downtown area, urban district |
| 市 | （名） | shì | city |
| 区 | | qū | district |
| 16. 幼儿园 | （名） | yòu'éryuán | kindergarten, nursery school |
| 幼儿 | （名） | yòu'ér | child, infant |
| 17. 接 | （动） | jiē | to collect, to pick up |
| 18. 孩子 | （名） | háizi | child, children |
| 19. 星期 | （名） | xīngqī | week |
| 20. 星期天 | （名） | xīngqītiān | Sunday |
| 星期日 | （名） | xīngqīrì | Sunday |
| 21. 等 | （动） | děng | to wait |
| 22. 准时 | （形） | zhǔnshí | on time, on schedule, punctual |
| 准 | （形） | zhǔn | accurate, exact |
| 23. 突然 | （形） | tūrán | sudden |
| 24. 住址 | （名） | zhùzhǐ | address |

## 补充词汇 Supplementary words

| | | | |
|---|---|---|---|
| 1. 顺便 | （副） | shùnbiàn | conveniently, at one's convenience |
| 2. 好处 | （名） | hǎochù | benefit, advantage |
| 3. 遇到 | | yùdào | to run into, to come across |
| 4. 真 | （形） | zhēn | real, true |
| 5. 假 | （形） | jiǎ | false, fake |
| 6. 半天 | （数量） | bàntiān | half of the day; a long time, quite a while |
| 7. 明白 | （形） | míngbai | clear, obvious |

## 专名 Proper nouns

| | | |
|---|---|---|
| 1. 赵林 | Zhào Lín | name of a person |
| 2. 上海 | Shànghǎi | Shanghai |

# 二 课堂练习 Exercises

## （一）语音 Pronunciation

### 1. 朗读定调音节 Read aloud the syllables and pay attention to the tones

| | | | | |
|---|---|---|---|---|
| 都听 | 还听 | 也听 | 再听 | 听的 |
| 都读 | 还读 | 也读 | 再读 | 读的 |
| 都写 | 还写 | 也写 | 再写 | 写的 |
| 都看 | 还看 | 也看 | 再看 | 看的 |

### 2. 辨音辨调 Distinguish the sounds and tones

| | | | | | |
|---|---|---|---|---|---|
| chéngshì | 城市 | dàochù | 到处 | búcuò | 不错 |
| chéngshi | 诚实 | dāngchū | 当初 | bú zuò | 不做 |
| shùnbiàn | 顺便 | bīnguǎn | 宾馆 | tóngjū | 同居 |
| suíbiàn | 随便 | biéguǎn | 别管 | tōngjī | 通缉 |
| xīngqī | 星期 | zhǔnshí | 准时 | shēnghuó | 生活 |
| xíngjì | 行迹 | zhǔshí | 主食 | shēnghuǒ | 生火 |

### 3. 双音节声调 Tones of disyllables

| | | | |
|---|---|---|---|
| wǒmen | 我们 | nǐmen | 你们 |
| jiǎozi | 饺子 | yǐzi | 椅子 |
| xǐhuan | 喜欢 | dǎting | 打听 |

| | | | | |
|---|---|---|---|---|
| xiě de: | zǎoshang | 早上 | wǎnshang | 晚上 |
| | lǐbian | 里边 | nuǎnhuo | 暖和 |
| | jiějie | 姐姐 | yǎnjing | 眼睛 |
| | diǎnxin | 点心 | huǒshao | 火烧 |
| | bàba | 爸爸 | mèimei | 妹妹 |
| | dìdi | 弟弟 | tàidu | 态度 |
| | yìjian | 意见 | yìsi | 意思 |
| kàn de: | rènshi | 认识 | gàosu | 告诉 |
| | shìqing | 事情 | gùshi | 故事 |
| | xièxie | 谢谢 | kèqi | 客气 |
| | piàoliang | 漂亮 | yuèliang | 月亮 |

### （二）词语 Words and phrases

朗读短语 Read aloud the phrases

（1）逛

逛公园

我逛公园

我去逛公园

我跟朋友去逛公园

我跟朋友一起去逛公园

我明天跟朋友一起去逛公园

（2）接

接孩子

我接孩子

我去接孩子

我去幼儿园接孩子

我要去幼儿园接孩子

我现在要去幼儿园接孩子

### （三）按照下列情景，用本课句型说话 Have a conversation on the following topics with the patterns in the text

（1）你和你的同学谈生活习惯不习惯。

（2）你请你的同学去你宿舍玩儿，告诉他你的住址。

## （四）功能会话：听后模仿　Functional conversation: listen and imitate

### 1. 询问住址　Asking about addresses

（1）A：你家在哪儿？

B：我家在郊区。

（2）A：你家在哪儿？

B：我家在学院路15号。

（3）A：小王家在哪儿？

B：他家在那个楼前边。

（4）A：你还住五楼吗？

B：我还住五楼518号。

（5）A：你住哪儿？

B：我住三楼332号。

（6）A：你住几楼？多少号？

B：我住五楼518号。

（7）A：你住五楼，还是六楼？

B：五楼。

（8）A：你住在宾馆，还是住在学校？

B：住在学校。

### 2. 要求证实　Require to confirm

（1）A：你对照相不感兴趣，是不是？

B：对，我不喜欢照相。

（2）A：你不喜欢唱歌，是不是？

B：对，我不喜欢唱歌。

（3）A：你是不是对经商不感兴趣？

B：不是，我对经商很感兴趣。

（4）A：你是不是不喜欢旅行？

B：不是，我很喜欢旅行。

3. 商量　Discussion

（1）A：周二、周四下午两点到四点在我的宿舍辅导，行吗？

　　B：行。

（2）A：咱们两个“交换”，怎么样？

　　B：好。

4. 邀请　Invitation

（1）A：欢迎你们去我家玩儿。

　　B：你看我们什么时候去？

（2）A：有时间来我家玩儿。

　　B：好的。

（3）A：小于，我们明天去公园，好不好？

　　B：好，明天去公园。

（4）A：小于，明天你有空儿吗？

　　B：什么事儿？

　　A：我想请你去我家玩儿。

　　B：我最近很忙，没有时间。

5. 感谢　Thanks

（1）A：那叫“同住”或“合住”，不说“同居”。

　　B：是吗？多谢你的帮助。

（2）A：祝你事事顺利！

　　B：太感谢你们了。

## 四 家庭作业 Homework

### （一）阅读 Reading

**有时间来我家玩儿**

彼得是美国留学生，他准备在中国学习五个月汉语。

彼得还不太习惯中国的生活。中国人太多，到处都是人。路上人多，商店里人多，公园里人更多，公共汽车上也很挤。上下班的时候，车上更挤。

彼得喜欢骑自行车去玩儿。他常常骑车去市区买东西，顺便逛逛市区。骑车对身体也有好处。

今天，彼得在路上遇到了赵林，赵林对彼得说："有时间来我家玩儿。"可是他没说他家住在哪儿，彼得想：他是真欢迎还是假欢迎？他说的是客气话还是真心话？想了半天，彼得也没想明白。

1. 读后回答 Answer the following questions after reading

（1）彼得准备在中国学习几个月？

（2）他哪方面还不太习惯？

（3）他为什么喜欢骑自行车？

（4）彼得今天遇见谁了？

（5）赵林没告诉彼得什么？

（6）彼得是怎么想的？

2. 朗读课文 Read aloud the text

3. 仿照课文写一写"我的中国生活" Use this text as an example and write a story of your own with title "我的中国生活"

You should include:

你是哪国人？

你准备在中国学习多长时间？

你在中国生活多长时间了？

你习惯中国的生活吗？

哪方面不太习惯？

哪方面比较喜欢？

在生活中，你有没有遇到跟你们国家不一样的事情？

…………

## （二）词语和句子 Words and sentences

1. 用下列生词至少组成两个短语 Make at least two phrases with each of the following words

（1）生活：________ ________　（2）习惯：________ ________

（3）城市：________ ________　（4）遇到：________ ________

（5）接：________ ________　（6）等：________ ________

（7）逛：________ ________　（8）挤：________ ________

（9）明白：________ ________　（10）准时：________ ________

（11）好处：________ ________　（12）半天：________ ________

（13）假：________ ________　（14）真：________ ________

2. 用"顺便"完成句子 Complete the following sentences with "顺便"

（1）我去商店买东西，____________________。

（2）她去幼儿园接孩子，____________________。

（3）他跟朋友一起去逛公园，____________________。

（4）你去书店买书，____________________，好吗？

（5）山本来北京学习汉语，____________________。

（6）金汉成去上海旅行，____________________。

3. 用"遇见"或"遇到"完成句子 Complete the following sentences with "遇见" or "遇到"

（1）我在市区____________________。

（2）小王在学校门口____________________。

（3）彼得在路上__________________。

（4）艾米在公共汽车上__________________。

（5）贝拉在剧场门口__________________。

（6）大内在商店里__________________。

4. 用“有点儿”完成句子　Complete the following sentences with “有点儿”

（1）关上门吧，教室里_____________。

（2）我现在__________________，想休息休息。

（3）我们去那个商店吧，这个商店的东西__________________。

（4）今天的练习__________________，我用了两个小时才做完。

（5）我刚来的时候对这儿的天气__________________。

（6）我今天头疼，鼻子也__________________。

5. 选词填空　Choose the proper word, then fill in the blanks

或者　　还是

（1）你去上海_______去北京学习汉语？

（2）我星期六_______星期日去上海。

（3）星期日丁兰在宿舍洗衣服_______复习课文。

（4）我_______骑车去，_______坐出租车去，不坐公共汽车。

（5）你的朋友是老师_______学生？

（6）你喜欢吃中国菜_______吃韩国菜？

（7）中国菜_______韩国菜我都喜欢吃。

（8）你去_______他去都可以。

## （三）汉字　Chinese characters

1. 写出带“辶”的汉字　Write some characters with the radical of “辶”

| 辶 | | | | | | | | | | |
|---|---|---|---|---|---|---|---|---|---|---|

2. 写出带“扌”的汉字　Write some characters with the radical of “扌”

| | | | | | | | | | | |
|---|---|---|---|---|---|---|---|---|---|---|
| 扌 | | | | | | | | | | |

3. 给下列汉字注音并组成词或短语　Write the Pinyin of the following characters and make words or phrases with them

（1）活：________ ________　　话：________ ________

（2）或：________ ________　　成：________ ________

（3）者：________ ________　　都：________ ________

（4）齐：________ ________　　挤：________ ________

（5）居：________ ________　　剧：________ ________

（6）客：________ ________　　容：________ ________

## 五 语法　Grammar

### 短语的类型　Types of phrases

短语从语法关系上看，一般可分为以下几种：

Grammatically, the phrases can be classified into the following types:

（1）主谓短语。例如：

The subject-predicate phrase, for example:

他来教室　　　　这种书很便宜

（2）述宾短语。例如：

The verb-object phrase, for example:

去商店　　　　写汉字

（3）述补短语。例如：

The verb or adjective-complement phrase, for example:

写得很好　　　　好极了

（4）偏正短语，包括定中结构和状中结构。例如：

The subordinate phrase, including an attributive plus headword structure and an adverbial plus headword structure, for example:

我们的学校　　　　快去

（5）联合短语。例如：

The coordinate phrase, for example:

我和你　　　　整齐干净

（6）复指短语。例如：

The appositional phrase, for example:

山本正同学　　　　我的朋友方云天

## 六 汉字表 Table of Chinese characters' order of strokes

| 汉字 Hànzì | 结构与笔顺 jiégòu yǔ bǐshùn | | | | | | | | | | |
|---|---|---|---|---|---|---|---|---|---|---|---|
| 活 | 氵＋舌 | | | | | | | | | | |
| | 丶 | 冫 | 氵 | 氵丿 | 氵𠂉 | 汗 | 汘 | 活 | 活 | | |
| 惯 | 忄＋贯 | | | | | | | | | | |
| | 丶 | 丶丶 | 忄 | 忄𠃊 | 忄口 | 忄毌 | 忄毌 | 忄毌 | 惯 | 惯 | 惯 |
| 城 | 土＋成 | | | | | | | | | | |
| | 一 | 十 | 土 | 土丿 | 圹 | 圻 | 坘 | 城 | 城 | | |
| 挤 | 扌＋齐 | | | | | | | | | | |
| | 一 | 亅 | 扌 | 扌丶 | 扌亠 | 扌ナ | 扌文 | 挤 | 挤 | | |
| 逛 | 狂＋辶 | | | | | | | | | | |
| | 丿 | 犭 | 犭 | 犭一 | 犭二 | 犴 | 狂 | 丶狂 | 辶狂 | 逛 | |

| 汉字<br>Hànzì | 结构与笔顺<br>jiégòu yǔ bǐshùn |
| --- | --- |
| 误 | 讠 + 吴<br>丶 讠 讠丨 讠冂 讠口 讠口一 讠口二 讠吴 误 |
| 或 | 𠮛 + 戈<br>一 一丨 一冂 一口 一口一 戓 或 或 |
| 者 | 耂 + 日<br>一 十 土 耂 耂丨 耂冂 耂曰 者 |
| 幼 | 幺 + 力<br>𠃋 𠃋𠃋 幺 幻 幼 |
| 接 | 扌 + 妾<br>一 亅 扌 扌丶 扌亠 扌亠丶 扌亠丷 扌立 扌立𡿨 接 接 |
| 星 | 日 + 生<br>丨 冂 冂一 日 日丿 日丿一 日𠂉丨 日生 星 |
| 期 | 其 + 月<br>一 十 廾 卄丨 甘 甘一 其 其 其丿 期 期 期 |
| 等 | ⺮ + 寺<br>丿 𠂉 𠂉丶 𠂉丶丿 𠂉丶𠂉 ⺮ ⺮一 ⺮十 ⺮土 ⺮土一 等 等 |
| 突 | 穴 + 犬<br>丶 丶丶 宀 宀丿 穴 穴一 穴ナ 突 突 |
| 址 | 土 + 止<br>一 十 土 土丨 土卜 土卜丨 址 |

续表

| 汉字 Hànzì | 结构与笔顺 jiégòu yǔ bǐshùn | | | | | | | | | | | |
|---|---|---|---|---|---|---|---|---|---|---|---|---|
| 假 | 亻 + 叚 | | | | | | | | | | | |
| | 丿 | 亻 | 亻 | 亻 | 仴 | 仴 | 作 | 作 | 作 | 假 | 假 | |
| 林 | 木 + 木 | | | | | | | | | | | |
| | 一 | 十 | 才 | 木 | 木 | 村 | 材 | 林 | | | | |

# Glossary
# 词汇总表

| | | | |
|---|---|---|---|
| **A** | | | |
| 啊 | （叹） | ā | 6 |
| 哎呀 | （叹） | āiyā | 6 |
| **B** | | | |
| 班 | （名） | bān | 2 |
| 半 | （数） | bàn | 8 |
| 半天 | （数量） | bàntiān | 10 |
| 办公 | （动） | bàngōng | 1 |
| 本 | （量） | běn | 2 |
| 本子 | （名） | běnzi | 2 |
| 鼻子 | （名） | bízi | 9 |
| 笔 | （名） | bǐ | 2 |
| 别人 | （代） | biéren | 9 |
| 宾馆 | （名） | bīnguǎn | 3 |
| 病 | （动） | bìng | 9 |
| 不错 | （形） | búcuò | 8 |
| 不对 | （形） | búduì | 1 |
| 不过 | （连） | búguò | 8 |
| 不用 | （副） | búyòng | 7 |
| **C** | | | |
| 猜 | （动） | cāi | 1 |
| 才 | （副） | cái | 8 |
| 菜 | （名） | cài | 8 |
| 菜地 | （名） | càidì | 8 |
| 册 | | cè | 2 |
| 层 | （量） | céng | 3 |
| 茶 | （名） | chá | 9 |
| 长 | （形） | cháng | 7 |
| 长寿 | （形） | chángshòu | 7 |
| 尝 | （动） | cháng | 9 |
| 唱歌 | （动） | chànggē | 7 |
| 车 | （名） | chē | 8 |
| 城 | （名） | chéng | 10 |
| 城市 | （名） | chéngshì | 10 |
| 出 | （动） | chū | 4 |
| 出生 | （动） | chūshēng | 6 |
| 出租 | （动） | chūzū | 8 |
| 出租车 | （名） | chūzūchē | 8 |
| 词典 | （名） | cídiǎn | 2 |
| 次 | （量） | cì | 4 |
| 聪明 | （形） | cōngming | 4 |
| 从 | （介） | cóng | 9 |
| **D** | | | |
| 打 | （动） | dǎ | 9 |
| 打扫 | （动） | dǎsǎo | 6 |
| 打针 | （动） | dǎzhēn | 9 |
| 大 | （形） | dà | 3 |
| 大学 | （名） | dàxué | 1 |
| 带 | （动） | dài | 8 |
| 代表 | （动、名） | dàibiǎo | 7 |
| 大夫 | （名） | dàifu | 1 |
| 单 | （形） | dān | 2 |
| 单人间 | （名） | dānrénjiān | 3 |
| 蛋糕 | （名） | dàngāo | 6 |
| 当 | （动） | dāng | 5 |

| | | | |
|---|---|---|---|
| 当然 | （副） | dāngrán | 8 |
| 到处 | （副） | dàochù | 9 |
| 得 | （助） | de | 6 |
| 等 | （动） | děng | 10 |
| 地 | （名） | dì | 8 |
| 地方 | （名） | dìfang | 8 |
| 地图 | （名） | dìtú | 2 |
| 弟弟 | （名） | dìdi | 1 |
| 点 | （量） | diǎn | 4 |
| 电 | （名） | diàn | 8 |
| 电影 | （名） | diànyǐng | 8 |
| 电影院 | （名） | diànyǐngyuàn | 8 |
| 订 | （动） | dìng | 3 |
| 东西 | （名） | dōngxi | 6 |
| 冬季 | （名） | dōngjì | 3 |
| 冬天 | （名） | dōngtiān | 3 |
| 懂 | （动） | dǒng | 4 |
| 动作 | （名） | dòngzuò | 6 |
| 肚子 | （名） | dùzi | 9 |
| 对 | （形） | duì | 1 |
| 对 | （介） | duì | 5 |
| 多 | （副） | duō | 7 |
| 多少 | （代） | duōshao | 2 |
| **E** | | | |
| 儿子 | （名） | érzi | 4 |
| **F** | | | |
| 发 | （动） | fā | 1 |
| 发烧 | （动） | fāshāo | 9 |
| 翻译 | （名） | fānyì | 5 |
| 方便 | （形） | fāngbiàn | 4 |
| 方面 | （名） | fāngmiàn | 5 |
| 房间 | （名） | fángjiān | 3 |
| 非常 | （副） | fēicháng | 6 |

| | | | |
|---|---|---|---|
| 封 | （量） | fēng | 1 |
| 幅 | （量） | fú | 6 |
| 服务 | （动） | fúwù | 3 |
| 服务员 | （名） | fúwùyuán | 3 |
| 辅导 | （动） | fǔdǎo | 4 |
| 付 | （动） | fù | 2 |
| 副 | （形） | fù | 1 |
| **G** | | | |
| 干净 | （形） | gānjìng | 6 |
| 感谢 | （动） | gǎnxiè | 5 |
| 刚 | （副） | gāng | 2 |
| 钢笔 | （名） | gāngbǐ | 2 |
| 给 | （介） | gěi | 1 |
| 更 | （副） | gèng | 4 |
| 工厂 | （名） | gōngchǎng | 1 |
| 工人 | （名） | gōngrén | 1 |
| 工作 | （名） | gōngzuò | 1 |
| 公共 | （形） | gōnggòng | 8 |
| 公共汽车 | | gōnggòng qìchē | 8 |
| 公司 | （名） | gōngsī | 1 |
| 公务员 | （名） | gōngwùyuán | 5 |
| 狗 | （名） | gǒu | 1 |
| 姑娘 | （名） | gūniang | 9 |
| 怪 | （形） | guài | 6 |
| 怪不得 | （副） | guàibude | 6 |
| 关 | （动） | guān | 7 |
| 关系 | （名） | guānxi | 6 |
| 逛 | （动） | guàng | 10 |
| 果园 | （名） | guǒyuán | 8 |
| 过 | （动） | guò | 7 |
| **H** | | | |
| 还是 | （连） | háishi | 3 |

| | | | |
|---|---|---|---|
| 还是 | （副） | háishi | 10 |
| 孩子 | （名） | háizi | 10 |
| 喊 | （动） | hǎn | 7 |
| 好吃 | （形） | hǎochī | 3 |
| 好处 | （名） | hǎochù | 10 |
| 号 | （名） | hào | 3 |
| 合 | （动） | hé | 10 |
| 合适 | （形） | héshì | 3 |
| 合住 | （动） | hézhù | 10 |
| 河 | （名） | hé | 8 |
| 黑板 | （名） | hēibǎn | 2 |
| 猴 | （名） | hóu | 6 |
| 后 | （名） | hòu | 8 |
| 后边 | （名） | hòubian | 8 |
| 后天 | （名） | hòutiān | 3 |
| 画 | （动） | huà | 9 |
| 画儿 | （名） | huàr | 6 |
| 话 | （名） | huà | 7 |
| 环境 | （名） | huánjìng | 8 |
| 恢复 | （动） | huīfù | 9 |
| 会 | （能动） | huì | 8 |
| 或 | （连） | huò | 10 |
| 或者 | （连） | huòzhě | 10 |
| **J** | | | |
| 吉利 | （形） | jílì | 7 |
| 几 | （代） | jǐ | 1 |
| 挤 | （形） | jǐ | 10 |
| 寄 | （动） | jì | 6 |
| 家庭 | （名） | jiātíng | 1 |
| 假 | （形） | jiǎ | 10 |
| 简单 | （形） | jiǎndān | 3 |
| 件 | （量） | jiàn | 3 |
| 健康 | （形） | jiànkāng | 7 |
| 交 | （动） | jiāo | 1 |
| 交换 | （动） | jiāohuàn | 4 |
| 郊 | | jiāo | 8 |
| 郊区 | （名） | jiāoqū | 8 |
| 教 | （动） | jiāo | 4 |
| 教师 | （名） | jiàoshī | 5 |
| 教室 | （名） | jiàoshì | 4 |
| 教学 | （名） | jiàoxué | 1 |
| 街 | （名） | jiē | 8 |
| 接 | （动） | jiē | 10 |
| 阶段 | （名） | jiēduàn | 4 |
| 结束 | （动） | jiéshù | 5 |
| 姐姐 | （名） | jiějie | 1 |
| 今年 | （名） | jīnnián | 9 |
| 今天 | （名） | jīntiān | 1 |
| 进 | （动） | jìn | 6 |
| 进步 | （动） | jìnbù | 5 |
| 进行 | （动） | jìnxíng | 5 |
| 经理 | （名） | jīnglǐ | 1 |
| 经商 | （动） | jīngshāng | 5 |
| 就 | （副） | jiù | 2 |
| 剧场 | （名） | jùchǎng | 8 |
| **K** | | | |
| 开 | （动） | kāi | 7 |
| 开始 | （动） | kāishǐ | 4 |
| 考虑 | （动） | kǎolǜ | 3 |
| 咳嗽 | （动） | késou | 9 |
| 可爱 | （形） | kě'ài | 6 |
| 可以 | （能动） | kěyǐ | 2 |
| 空调 | （名） | kōngtiáo | 3 |
| 口 | （量） | kǒu | 1 |
| 口语 | （名） | kǒuyǔ | 4 |
| 快 | （形） | kuài | 5 |

| | | | |
|---|---|---|---|
| 快乐 | （形） | kuàilè | 7 |
| **L** | | | |
| 蜡烛 | （名） | làzhú | 6 |
| 啦 | （助） | la | 6 |
| 劳驾 | （动） | láojià | 2 |
| 老 | | lǎo | 4 |
| 老 | （形） | lǎo | 7 |
| 老人 | （名） | lǎorén | 7 |
| 冷 | （形） | lěng | 3 |
| 离 | （动） | lí | 8 |
| 礼物 | （名） | lǐwù | 6 |
| 历史 | （名） | lìshǐ | 5 |
| 凉快 | （形） | liángkuai | 3 |
| 两 | （数） | liǎng | 2 |
| 聊天儿 | （动） | <口>liáotiānr | 5 |
| 了解 | （动） | liǎojiě | 5 |
| 流利 | （形） | liúlì | 6 |
| 留学 | （动） | liúxué | 5 |
| 留学生 | （名） | liúxuéshēng | 5 |
| 旅行 | （动） | lǚxíng | 5 |
| **M** | | | |
| 慢 | （形） | màn | 5 |
| 没关系 | | méi guānxi | 6 |
| 妹妹 | （名） | mèimei | 1 |
| 门 | （名） | mén | 7 |
| 明白 | （形） | míngbai | 10 |
| 母亲 | （名） | mǔqin | 9 |
| 目的 | （名） | mùdì | 5 |
| **N** | | | |
| 南方 | （名） | nánfāng | 5 |
| 男生 | （名） | nánshēng | 4 |
| 能 | （能动） | néng | 5 |
| 年 | （名） | nián | 6 |
| 年级 | （名） | niánjí | 2 |
| 年纪 | （名） | niánjì | 4 |
| 年龄 | （名） | niánlíng | 9 |
| 年轻 | （形） | niánqīng | 4 |
| 暖和 | （形） | nuǎnhuo | 3 |
| 暖气 | （名） | nuǎnqì | 3 |
| 女儿 | （名） | nǚ'ér | 4 |
| 女孩子 | （名） | nǚháizi | 9 |
| 女生 | （名） | nǚshēng | 4 |
| **P** | | | |
| 旁 | （名） | páng | 8 |
| 旁边 | （名） | pángbiān | 8 |
| 跑 | （动） | pǎo | 6 |
| 篇 | （量） | piān | 6 |
| 漂亮 | （形） | piàoliang | 7 |
| 苹果 | （名） | píngguǒ | 3 |
| **Q** | | | |
| 骑 | （动） | qí | 8 |
| 汽车 | （名） | qìchē | 8 |
| 铅笔 | （名） | qiānbǐ | 2 |
| 钱 | （名） | qián | 2 |
| 钱包 | （名） | qiánbāo | 8 |
| 前天 | （名） | qiántiān | 3 |
| 墙 | （名） | qiáng | 8 |
| 敲 | （动） | qiāo | 7 |
| 清楚 | （形） | qīngchu | 6 |
| 请客 | （动） | qǐngkè | 2 |
| 区 | | qū | 10 |
| 全 | （形） | quán | 7 |
| **R** | | | |
| 让 | （动） | ràng | 7 |
| 热 | （形） | rè | 3 |
| 认为 | （动） | rènwéi | 5 |

| | | | |
|---|---|---|---|
| 日 | （名） | rì | 9 |
| 如意 | （动） | rúyì | 7 |
| **S** | | | |
| 嗓子 | （名） | sǎngzi | 9 |
| 山 | （名） | shān | 8 |
| 上班 | （动） | shàngbān | 10 |
| 上课 | （动） | shàngkè | 2 |
| 上午 | （名） | shàngwǔ | 2 |
| 少 | （形） | shǎo | 2 |
| 谁 | （代） | shéi | 1 |
| 神圣 | （形） | shénshèng | 5 |
| 生活 | （名） | shēnghuó | 10 |
| 生日 | （名） | shēngrì | 6 |
| 时间 | （名） | shíjiān | 4 |
| 市 | （名） | shì | 10 |
| 市区 | （名） | shìqū | 10 |
| 室 | | shì | 4 |
| 世界 | （名） | shìjiè | 2 |
| 收拾 | （动） | shōushi | 6 |
| 寿 | | shòu | 7 |
| 舒服 | （形） | shūfu | 9 |
| 属 | （动） | shǔ | 6 |
| 数 | （动） | shǔ | 7 |
| 数 | | shù | 7 |
| 数字 | （名） | shùzì | 7 |
| 双 | （形） | shuāng | 3 |
| 水 | （名） | shuǐ | 8 |
| 水果 | （名） | shuǐguǒ | 6 |
| 顺便 | （副） | shùnbiàn | 10 |
| 顺利 | （形） | shùnlì | 7 |
| 送 | （动） | sòng | 2 |
| 随便 | （动） | suíbiàn | 9 |
| 岁 | （量） | suì | 9 |

| | | | |
|---|---|---|---|
| **T** | | | |
| 谈 | （动） | tán | 1 |
| 特别 | （副） | tèbié | 5 |
| 疼 | （形） | téng | 9 |
| 体温 | （名） | tǐwēn | 9 |
| 天气 | （名） | tiānqì | 10 |
| 条 | （量） | tiáo | 8 |
| 听力 | （名） | tīnglì | 4 |
| 听说 | （动） | tīngshuō | 8 |
| 通 | （动） | tōng | 9 |
| 通知 | （名、动） | tōngzhī | 6 |
| 同 | （副） | tóng | 10 |
| 同居 | （动） | tóngjū | 10 |
| 头 | （名） | tóu | 9 |
| 突然 | （形） | tūrán | 10 |
| 兔 | （名） | tù | 6 |
| 兔子 | （名） | tùzi | 6 |
| **W** | | | |
| 外 | （名） | wài | 8 |
| 外边 | （名） | wàibian | 8 |
| 完 | （动） | wán | 5 |
| 晚会 | （名） | wǎnhuì | 6 |
| 万 | （数） | wàn | 7 |
| 万事 | （名） | wànshì | 7 |
| 万事如意 | | wànshì-rúyì | 7 |
| 为 | （介） | wèi | 1 |
| 为什么 | | wèi shénme | 1 |
| 文化 | （名） | wénhuà | 5 |
| 文章 | （名） | wénzhāng | 6 |
| 问题 | （名） | wèntí | 5 |
| 乌龙茶 | （名） | wūlóngchá | 9 |
| 误会 | （动） | wùhuì | 10 |

| X | | | |
|---|---|---|---|
| 西瓜 | （名） | xīgua | 9 |
| 习惯 | （动） | xíguàn | 10 |
| 洗 | （动） | xǐ | 6 |
| 喜欢 | （动） | xǐhuan | 3 |
| 系 | （名） | xì | 2 |
| 下 | （名） | xià | 8 |
| 下班 | （动） | xiàbān | 10 |
| 下边 | （名） | xiàbian | 8 |
| 下午 | （名） | xiàwǔ | 2 |
| 夏季 | （名） | xiàjì | 3 |
| 夏天 | （名） | xiàtiān | 3 |
| 先生 | （名） | xiānsheng | 3 |
| 现金 | （名） | xiànjīn | 3 |
| 现在 | （名） | xiànzài | 2 |
| 相 | （名） | xiàng | 9 |
| 小姐 | （名） | xiǎojiě | 4 |
| 小时 | （名） | xiǎoshí | 4 |
| 小学 | （名） | xiǎoxué | 1 |
| 校 | （名） | xiào | 1 |
| 校长 | （名） | xiàozhǎng | 1 |
| 笑 | （动） | xiào | 9 |
| 些 | （量） | xiē | 8 |
| 心 | （名） | xīn | 7 |
| 心想事成 | | xīnxiǎng-shìchéng | 7 |
| 新 | （形） | xīn | 7 |
| 新年 | （名） | xīnnián | 7 |
| 信 | （名） | xìn | 1 |
| 星期 | （名） | xīngqī | 10 |
| 星期日 | （名） | xīngqīrì | 10 |
| 星期天 | （名） | xīngqītiān | 10 |
| 幸福 | （形） | xìngfú | 7 |
| 兴趣 | （名） | xìngqù | 5 |
| 修 | （动） | xiū | 9 |
| 修理 | （动） | xiūlǐ | 9 |

| Y | | | |
|---|---|---|---|
| 牙 | （名） | yá | 9 |
| 呀 | （助） | ya | 2 |
| 研究 | （动） | yánjiū | 1 |
| 研究生 | （名） | yánjiūshēng | 1 |
| 样儿 | （名） | yàngr | 3 |
| 要 | （连） | yào | 5 |
| 要是 | （连） | yàoshi | 5 |
| 药 | （名） | yào | 9 |
| 衣服 | （名） | yīfu | 3 |
| 医院 | （名） | yīyuàn | 1 |
| 遗憾 | （形） | yíhàn | 7 |
| 一切 | （代） | yíqiè | 7 |
| 已 | （副） | yǐ | 6 |
| 已经 | （副） | yǐjīng | 6 |
| 以上 | （名） | yǐshàng | 3 |
| 以下 | （名） | yǐxià | 3 |
| 一点儿 | （数量） | yìdiǎnr | 3 |
| 一些 | （数量） | yìxiē | 8 |
| 音乐 | （名） | yīnyuè | 6 |
| 饮料 | （名） | yǐnliào | 9 |
| 营业 | （动） | yíngyè | 2 |
| 营业员 | （名） | yíngyèyuán | 2 |
| 哟 | （叹） | yō | 9 |
| 永远 | （副） | yǒngyuǎn | 7 |
| 优惠 | （形） | yōuhuì | 3 |
| 邮件 | （名） | yóujiàn | 1 |
| 有点儿 | （副） | yǒudiǎnr | 10 |
| 有意思 | | yǒu yìsi | 5 |
| 又 | （副） | yòu | 4 |
| 右 | （名） | yòu | 8 |
| 右边 | （名） | yòubian | 8 |

| | | | |
|---|---|---|---|
| 幼儿 | （名） | yòu'ér | 10 |
| 幼儿园 | （名） | yòu'éryuán | 10 |
| 语法 | （名） | yǔfǎ | 4 |
| 预订 | （动） | yùdìng | 3 |
| 遇到 | | yùdào | 10 |
| 元 | （量） | yuán | 3 |
| 原因 | （名） | yuányīn | 5 |
| 圆珠笔 | （名） | yuánzhūbǐ | 2 |
| 院长 | （名） | yuànzhǎng | 1 |
| **Z** | | | |
| 糟糕 | （形） | zāogāo | 6 |
| 早 | （形） | zǎo | 9 |
| 早日 | （副） | zǎorì | 9 |
| 张 | （量） | zhāng | 2 |
| 照 | （动） | zhào | 9 |
| 照相 | （动） | zhàoxiàng | 9 |
| 真 | （副） | zhēn | 4 |
| 真 | （形） | zhēn | 10 |
| 整齐 | （形） | zhěngqí | 6 |
| 正常 | （形） | zhèngcháng | 9 |
| 正在 | （副） | zhèngzài | 6 |
| 只 | （量） | zhī | 1 |
| 支 | （量） | zhī | 2 |
| 知 | （动） | zhī | 2 |
| 知道 | （动） | zhīdao | 2 |
| 枝 | （量） | zhī | 7 |
| 职业 | （名） | zhíyè | 5 |
| 职员 | （名） | zhíyuán | 1 |
| 只是 | （副） | zhǐshì | 5 |
| 中间 | （名） | zhōngjiān | 9 |
| 中学 | （名） | zhōngxué | 1 |
| 种 | （量） | zhǒng | 2 |
| 周 | （名） | zhōu | 3 |
| 主意 | （名） | <口>zhúyi | 4 |
| 主妇 | （名） | zhǔfù | 1 |
| 主任 | （名） | zhǔrèn | 1 |
| 祝 | （动） | zhù | 7 |
| 住址 | （名） | zhùzhǐ | 10 |
| 准 | （形） | zhǔn | 10 |
| 准备 | （动） | zhǔnbèi | 5 |
| 准时 | （形） | zhǔnshí | 10 |
| 自己 | （代） | zìjǐ | 9 |
| 自行车 | （名） | zìxíngchē | 8 |
| 最好 | （副） | zuìhǎo | 3 |
| 左 | （名） | zuǒ | 8 |
| 左边 | （名） | zuǒbian | 8 |
| 坐 | （动） | zuò | 7 |
| 座 | （量） | zuò | 8 |

## 专名　Proper nouns

| | | |
|---|---|---|
| **A** | | |
| 阿拉伯文 | Ālābówén | 4 |
| 阿拉伯语 | Ālābóyǔ | 4 |
| **B** | | |
| 北京 | Běijīng | 4 |
| 贝拉 | Bèilā | 1 |
| 彼得 | Bǐdé | 5 |
| **D** | | |
| 德文 | Déwén | 4 |
| 德语 | Déyǔ | 4 |

# Key to exercises and homework
# 课堂练习和家庭作业参考答案

## 第一课

三、课堂练习

（三）句型

2. 回答问题（先否定，再用所给词语做肯定回答）

（1）我爸爸不是老师，他是大夫。

（2）我妈妈不是大夫，她是老师。

（3）我哥哥不是大学老师，他是中学老师。

（4）我姐姐不是中学老师，她是小学老师。

（5）我弟弟不是学生，他是工人。

（6）这不是我的书，是山本的书。

（7）这不是山本的桌子，是大内的桌子。

（8）这不是艾米的床，是贝拉的床。

（9）这不是丁兰的宿舍，是艾米的宿舍。

（10）这不是王才的作业，是方云天的作业。

四、家庭作业

（二）词语

2. 在下列句中填上合适的量词

（1）个　（2）位　（3）封　（4）口　（5）只　（6）个、个

（三）汉字

1. 写出带“女”的汉字

好、妈、姐、妹、奶、嫂、她、姓、妇、要、楼

2. 写出带“讠”的汉字

词、读、记、课、试、请、说、谁、谈、语、谢、调、认、识

# 第二课

四、家庭作业

（一）阅读

2. 判别正误

（1）× （2）× （3）× （4）× （5）✓

（二）词语

3. 填入适当量词，然后用“几”或“多少”提问

（1）我家有五口人。你家有几口人？

（2）我买两张世界地图。你买几张世界地图？

（3）我们班有十二个学生。你们班有多少学生？

（4）我们系有二十八位老师。你们系有多少老师？

（5）方云天有两本《汉日词典》。方云天有几本《汉日词典》？

（6）贝拉有一只小狗。贝拉有几只小狗？

（7）我想买四十本中文书。你想买多少本中文书？

（8）黑板上有三个句子。黑板上有几个句子？

（9）黑板上有十个生词。黑板上有几个生词？

（三）汉字

1. 写出带“氵”的汉字

法、汉、没、注、海

2. 写出带“钅”的汉字

错、钢、铅、钱

# 第三课

四、家庭作业

（三）汉字

1. 写出带“口”的汉字

口、别、吃、常、词、副、员、高、哥、跟、给、狗、司、语、喝、哈、回、答、和、合、适、后、号、叫、绍、句、就、客、可、调、路、驾、凉、吗、名、哪、问、况、铅、只、识、商、店、架、堂、舍、同、听、信、喜、言、研、呀、营、圆、做、吧、造、职、呢、说、知、点、周

2. 写出带“日”的汉字

错、得、都、间、复、音、是、简、明、暖、易、时、昨、晚、喝、意

# 第四课

四、家庭作业

（二）词语和句子

2. 把下列词语连成句子

（1）谁教他们英语？

（2）你们班谁最聪明？

（3）交换是什么意思？

（4）我们什么时候开始辅导？

（5）你去教室还是去图书馆？

（6）他喜欢儿子还是女儿？

（7）请你给我出一个主意。

（8）晚上去男生宿舍辅导不太方便。

（三）汉字

1. 写出带“纟”的汉字

给、红、练、绍、经、纪、级

2. 写出带“木”的汉字

板、极、楼、校、样、床、架、桌、休、想、相、李

## 第五课

四、家庭作业

（三）汉字

1. 写出带“亻”的汉字

什、付、化、休、体、件、位、信、任、作、伦、做、他、你、们、住、您、便、准、谁、俄、代

2. 写出带“彳”的汉字

得、很、行、彼、德

## 第六课

四、家庭作业

（二）词语和句子

2. 用“怪不得”完成对话

（1）怪不得他英语说得那么好。

（2）怪不得她日语说得跟日本人一样。

（3）怪不得他对北京那么了解。

（4）怪不得他对意大利很了解。

（5）怪不得她进步得那么快。

（6）怪不得他的身体那么好。

3. 把下列词语连成句子

（1）晚会准备好了吗？

（2）信还没写完呢。

（3）衣服洗得很干净。

（4）宿舍打扫得不太干净。

（5）他进步得很快。

(6) 这个动作是什么意思？

(7) 老师通知我们下午有辅导。

(8) 这篇文章的意思很容易懂。

(9) 这个音乐的意思不难懂。

(三) 汉字

1. 写出带“扌”的汉字

打、扫、拾、换、找、热、啦

2. 写出带“冫”的汉字

冷、凉、况、净、习、准

## 第七课

### 四、家庭作业

(三) 汉字

1. 写出带“礻”的汉字

礼、福、祝、视、神

2. 写出带“忄”的汉字

情、懂、怪、快、忙、慢、憾

## 第八课

### 四、家庭作业

(二) 词语和句子

4. 将意思相同的两句话进行连线

| | |
|---|---|
| 桌子上有一本词典。 | 剧场在商店旁边。 |
| 书架上有一个钱包。 | 河在我家前边。 |
| 我家前边有一条河。 | 词典在桌子上。 |
| 商店旁边有一个剧场。 | 钱包在书架上。 |

（连线：桌子上有一本词典。—词典在桌子上。书架上有一个钱包。—钱包在书架上。我家前边有一条河。—河在我家前边。商店旁边有一个剧场。—剧场在商店旁边。）

钱包里没有钱。　　　　老师没在办公室。
办公室里没有老师。　　我在金汉成右边。
我左边是金汉成。　　　我在方云天前边。
我后边是方云天。　　　钱没在钱包里。

（三）汉字

1. 写出带“⺩”的汉字

班、环、玩、理、珠

2. 写出带“宀”的汉字

字、家、室、寄、空、容、客、宜、完、究、定、宿、院、馆、察、宾

## 第九课

四、家庭作业

（二）词语和句子

2. 用“到处”改写句子

（1）这个学校不大，可是到处都干干净净。

（2）这里到处是人，坐车、住房都不方便。

（3）商店里到处是人，买东西很不方便。

（4）他的手表不见了，到处都找了，也没找到。

（5）这种花儿公园里到处都有。

（6）到处都有修自行车的。

3. 用“随便”改写句子

（1）你们随便吃。

（2）你们随便喝。

（3）你们随便坐。

（4）现在是上课时间，不能随便说话。

（5）A：你喝什么？

B：随便。

（6）A：你用哪支笔？

B：随便。

（三）汉字

1. 写出带"艹"的汉字

花、茶、菜、英、劳、苹、营、药、懂、艾

2. 写出带"⺮"的汉字

笔、笑、篇、答、简

## 第十课

四、家庭作业

（三）汉字

1. 写出带"辶"的汉字

还、过、近、远、进、适、边、逛、通、造、遇、这、遗、速、送、道、迎

2. 写出带"土"的汉字

块、墙、城、地、址、场、境

# Index of grammar
# 语法索引